TRANSFORM NTNU

林安邦、柯皓仁 主編

蛻變・師大

序

國立臺灣師範大學第十三任校長　張國恩

二〇一〇年二月二十二日，我正式接任臺師大第十三任校長，回想當時，似乎沒有桂冠加冕的喜悅與榮耀，反倒是要擔負起艱鉅的使命及挑戰的壓力，那時忐忑的心情，至今仍然強烈深刻地存在著。

接任臺灣師大的校長，是上天賜予我回報這所國內一流師資培育大學的最佳機會，但在一棒接一棒的時代巨輪轉動下，我這一棒必須面臨帶領已創校六十多年的臺師大走出師資培育式微的低潮，並在競爭激烈的全球高等教育環境中奮力轉型及追趕。追趕的道路並非立竿見影，一蹴可幾，而是一個翻山越嶺挑戰極限的過程。我深知，要將臺師大在體質上轉型多元發展，絕非一己之力就可以完成，要理想與實務並重，唯有眾志成城，齊心協力，才能有機會乘風破浪。

在洞悉學校所處的情勢後，我決心要使臺師大走出逆境，「自己的學校自己救！」在內心油然而生，並成為我帶領臺師大走出困境的堅強意念。「九五蛻變・大學典範」、「九大目標・五大策略」也在這個意志下，成為我施政的明確方向。我明白，一個堅強的領導者，絕非自己作一隻高傲的孤鳥，群雁同行才能安全飛越群山峻嶺，所以在組成團隊的過程中，我秉持無私無我的原則，堅持用人唯才，如此才能匯聚志同道合之士，打造一支共同作戰，犧牲奉獻的隊伍。

鄭志富、吳正己、宋曜廷三位副校長及林安邦主任祕書是我翻轉師大的第一串金鑰。三位臺師大傑出校友、一位臺大法律系高材生，他們不僅擁有卓越的學術成就，他們的智慧，高EQ性格，對組織的忠誠，通盤的思維以及危機處理能力，都是我在面對問題，解決困難時的傑出幕僚，更成為日後極為仰賴的夥伴與知己。當年三次拜會鄭志富及吳正己教授，請他們加入團隊，他們一開始皆謙虛地婉謝我的邀請，直到我真誠地告訴他們，我並非師大校友，都願意為學校奉獻，他們受母校栽培，是否更應該挺身為他們深愛的臺師大做出努力！也因此，鄭志富副校長俞允協助，成為安定團隊的重要力量；吳正己副校長也成為我帶領師大放眼全球的重要大將。

之後，行政團隊陸續加入陳昭珍、張少熙、許和捷、吳朝榮、游光昭、印永翔、劉美慧、柯皓仁、高文忠、陳美勇、吳忠信、洪聰敏、張鈞法、沈永正、紀茂嬌、粘美惠等同仁，他們各有所長，圖書館專業的陳昭珍教授擔任教務長；體育背景的張少熙教授接掌學務長；美術設計背景的許和捷教授接下總務長；生科專業的吳忠信教授接任林口校區僑生先修部主任。有人說我大膽用人，也認為我調兵遣將方式破除傳統思維，其實知人善用，清楚明白每位同仁的優點，就是我的用人哲學。

任職校長四年後，順利續任四年，我提出「再給我四年，我給師大四十年」的永續發展志向，並與時任副校長的鄭志富、吳正己、宋曜廷以及林安邦主秘共商發展藍圖，在無數次的腦力激盪及會議中，大家一同面對壓力與困境，即使已進入續任期間，也絲毫不鬆懈，強大的執行力更是施政的重點，也因此，師大漸漸在國際嶄露頭角，例如在QS、THE全球教育類排名躍居世界第二十二名；二〇一七年QS世界排名前進到兩百八十九名；二〇一八年THE亞洲排名第七十四，皆逐年大幅成長。

我衷心感謝這群默默為師大付出的師長們，八年任內我們一同提升臺師大在社會、企業、學術界的聲望；校園環境也逐步完善；七星建設計畫已順利完成五棟建築工程，另兩棟已發包，將在不久之後動工。更重要的是，行政團隊共同建立了自由自治校園文化、積極向上的制度以及績效與服務並重的行政運作體系。

我要再次強調，臺灣師大能在八年內達成目標，躍身為可以與國際一流大學並駕齊驅的高教學府，絕非我一人的成就，我的強而有力的夥伴們，更是功不可沒，對於鄭志富副校長等師長，我充滿無限感謝，多年來的相互扶持，忍辱負重，才能讓師大開花結果。

此時此刻，我已卸下校長重任，對於三十年資訊教育研究所的夥伴吳正己教授接任校長一職，我感到欣喜及肯定，相信臺師大在他的運籌帷幄下，必會有另一番新氣象。但面對國家發展混亂、價值混淆、公義失衡、民粹瀰漫等因素以及更加競爭的全球化教育市場，我相信他身上的重擔將更甚以往，但此刻，更應該堅守誠正價值，以勤樸的態度肩負起師資培育的使命，一步一腳印地面對困難的年代。

未來師大要走出自己的路，朝向「大師匯集、學術定位、特色頂尖、國際知名」方向發展，深信吳正己校長及新團隊將再度帶領師大走出自己的路。無私才可以做出最正確的判斷；溝通才可以找到最理想的時機；擁有執行力才可以做到最有效率的實踐，「無私」、「溝通」、「執行力」，必將再創師大新局。

目次

——行政革新樹典範，揚帆破浪創新局

臺師大副校長　鄭志富

面對大時代，只有立足現在放眼未來，才能將夢想付諸實現，創造不凡的人生。就是這樣一個強烈的學習動機，使當年已經是澎湖馬公國中老師兼註冊組長的鄭志富副校長，自我奮發激勵，先在一九八二年通過高等考試（體育行政），並於一九八五年那一年，毅然放棄澎湖的教職，買了張機票再度回到母校攻讀碩士學位。當年這個決定其實不容易，但想起那股年少的進修勇氣，他臉上充滿微笑，因為那份踏實辛勤的付出，奠定了現在幸福美好的基礎。

返校任職，扎根基層歷練

「學習是為了成長，而非致富！」鄭志富說，六〇年代的澎湖，不若現在資訊發達與富足，偏鄉的孩子們都踏踏實實地陪著父母打漁或是做些小生意，從小在這樣樸實環境中長大的他，也培育出勤奮踏實的善良性格。從小表現傑出的鄭志富，高中以優異的成績保送臺師大體育學系，四年後更以全系第一名的成績畢業返鄉服務，渾身充滿熱情的他很快受到賞識，擔任馬公國中的導師及註冊組長。但壯志於心的他，並未安於現狀，而是決定在那個鮮少人繼續往碩士、博士學位深造的年代，積極挑戰人生另一個里程碑。鄭志富說，他並不是面臨人生的瓶頸，才選擇繼續深造，而是放眼未來，離開目前漸趨平穩的浪頭，沉潛累積能量，蓄勢待發挑戰另一個浪頭。下定決心飛回母校攻讀碩士之際，鄭志富坦言並非一帆風順，他靦腆地敘述回臺師大的生活只能以「非常辛苦非常累」來形容；因為卸下教師光環重返學生身分的他，不僅要一面讀書，還得身兼助教，以及排球、射箭隊教練等職務。天天從早忙到晚，蠟燭多頭燒的他，著實體驗一段繁忙卻充實的助教研究生時光。

甫協助辦理二〇一七世界大學運動會的鄭志富提到，時隔三十年，那時擔任助教的他，正巧碰上臺師大接任大專體育總會會長學校（一九八五～一九八七），當時最重要的任務，就是要帶領大專體總加入國際大學運動總會（ＦＩＳＵ），並組團參加世界大學運動會（Universiade）。這段期間，他不僅要全力協助辦理大專校際運動競賽、學術研討會、大專運動會、國際交流等活動，天天分秒必爭的面對每一個關鍵時刻，時間不夠用的他，更是經常把辦公室當臥房，一盞燈、一張椅子陪伴他到天亮。鄭志富說：「我們終於能在教育部及中華奧會的協助下，在一九八七年七月，組成二十七人的精緻代表團前往南斯拉夫比賽，並成功加入國際大學運動總會（ＦＩＳＵ）。」當年臺師大梁尚勇校長、許義雄主任、湯銘新教授扮演居功厥偉的角色，促成了我國大學生首次取得參加國際運動賽會的門票，也讓優秀的大學運動員多了運動交流與展現競技的機會與舞台。鄭志富開心的說，回顧三十年前努力籌備參加世大運的點點滴滴，終於在此刻開花結果，也促成臺灣成功舉辦二〇一七世界大學運動會，這一路走來，誠然是一段彌足珍貴的歷程。

當然，過去這三十年當中，最令他自己意想不到的是，那位來自澎湖的孩子，最後把志向航向美國，遠赴美國北科羅拉多大學（ＵＮＣ）攻讀運動管理博士。鄭志富說，其實他在碩士畢業後，已經考取臺師大體研所第一屆博士生，也讀了一年。但在師長鼓勵下，毅然投入赴美留學的準備，並在一九九一年獲得國科會獎學金的全公費資助，舉家前往美國進修。在美就讀博士班那段期間，是他最美好的回憶，除了家人能在美麗的科羅拉多州體驗異國求學經驗外，指導教授Dr. David Stotlar也帶給他人生最富足的收穫，不只是學術的啟迪，更是視野的開展，甚至後來幫助他推動臺灣運動管理學術的發展。

一九九三年底，鄭志富順利取得博士學位後即回到臺師大貢獻所學，並歷經副教授、教授，還身兼體育室活動組組長、體研中心主任，雙肩挑起教學研究、行政服務的責任，不僅協助臺師大體育學系創立運動管理學群、指導研究生、進行學校體育學術研究與實務相關工作，還多次擔任政府部門體育政策及計畫之研訂、主持國家考試及大學校務、系所評鑑等工作。回想那些年，他最引以為傲的是幫助臺灣對各級學校體育課程做整體規劃。畢竟，學校體育的健全發展，必須仰賴健全的扎根工作與綿密的輔導系統方能完成。

中央拔擢，施展行政抱負

二〇〇〇－二〇〇二年鄭志富被拔擢進入中央部會，擔任行政院體育委員會副主任委員，這樣的服務機會，讓擁有專業學經歷的他可以一展長才，把行政革新的理想應用於實際執行面。鄭志富說，中央部會的歷練對他後來在臺師大擔任諸多行政職務有很大的幫助。在體委會期間，他協助推動臺灣體育運動新方向的擬訂，一方面要落實清流從政的形象，一方面又要重建社會體育的秩序。當年，他配合許義雄主委做出幾項重大突破，包括引進運動產業發展概念，推動體育運動政策新方

1993年獲博士學位於UNC與家人合照

2002年獲頒ICHPER.SD傑出領導與貢獻獎

向；規劃運動彩券、辦理運動與休閒產業博覽會，引進社會豐沛資源；與縣市政府合力推動全民運動草根計畫，廣增運動參與人口；籌設體育博物館，蒐整臺灣體育運動文化資產；重建棒球向下扎根計畫，再創棒球風華。此外，也建立運動競技選訓賽輔一貫制度，爭取加入國際青少年運動組織，以及推動體育學術與運動科學研究發展。鄭志富說，他的工作就是幫助臺灣體壇能夠建立宏觀視野與秩序化的運作機制，使臺灣體育運動政策朝向正確方向邁進。即使在二〇一三年獲邀擔任教育部體育署「體育運動政策白皮書」撰述召集人，亦皆延續「健康國民、卓越競技、活力臺灣」的主軸策略，貫徹他長久以來對體育運動理念的一貫堅持。

擔任副手，輔佐校務治理

其實，進入臺師大讀書是鄭志富自認最驕傲的事，但他沒想到當年那個懵懂進入臺師大，在許多老師辛勤教導下孜孜求學的他，後半的人生竟奉獻給母校，並擔任教務長、運動與休閒學院院長、以及副校長等職務。雖然在教務長及運休學院院長任期中，他所規劃的第三學期（暑期修課）、學分學程、課程整合、以及運動科研、體育季活動，成為日後學校行政亮點工作，可是他真的沒有想到，人生還有柳暗花明的際遇。他是在二〇一〇年受張國恩校長的邀請而擔任副校長一職，那時候甫卸下運休學院院長的鄭志富坦言說，他與張國恩校長並不十分熟識，惟在行政工作上，仍有一些交集與互動，也許是擁有一致的理念，才讓兩人有了合作的機緣。而張校長找他加入行政團隊時，他原本猶豫，但張校長說：「我不是師大校友都出來服務，你是師大的校友，有什麼理由拒絕呢？」這一番話使原本謙遜一再辭謝的他，最後仍被張校長對臺師大奉獻的決心所感動，遂而欣然接下副校長的工作，成為行政團隊的一員，為臺師大的轉型與創新，盡一己之力。

行政革新，樹立績效典範

身為副校長，鄭志富強調自己很清楚自己的副手角色與定位，縱使先後協助督導教務處、學務處、總務處、師培處、秘書室、人事室、主計室、進修推廣學院、國語中心……等行政單位，以及相關學院共同推動校務工作，並與其他兩位副校長分工合作，他也極為重視行政倫理與職務份際。守分守紀的他，首要工作就是全力協助張國恩校長完成「蛻變九五、大學典範」的治校理念。所以，在校長第一任四年期間，他將行政工作的重心放在制度建立、團隊共識形成與公義校園文化塑造。由於所有行政主管剛任新職，除

2010年一級行政主管聯合交接典禮

了對各處室業務重新確認盤點外，還要將校長治校理念澈底融入各處室業務中，並排定優先順序逐次完成。因此，與各行政單位溝通協調工作益發重要。也因為校長用人唯才，又樂於接受主管意見，溝通管道暢通無礙，建立了高效能的行政團隊。這段期間，他也配合校長提升學術能量的政策，不僅要將臺師大提升為國內頂尖大學，更要朝世界一流大學邁進。在這個目標下，即進行組織調整與制度變革，首先將性質相近的學院及系所做整併或調整名稱，以符組織的最適規模與核心價值，提升其競爭力。其次，建立電腦化行政與工程管考系統與內控機制，落實全面品質管理（ＴＱＭ）精神，逐月管考所有校務發展計畫重點工作，讓行政組織的效率大幅提升。

多管齊下，培育優秀人才

張校長也相當重視人力培育制度，因為組織發展最重要的資源，當在人力素質。因此，除積極延攬國內外優秀

2013年與美國科羅拉多大學簽訂雙聯學位

上　2015年行政人員赴國外標竿學習－日本同志社大學

下　2015年菁英書院揭牌 共寢共食共學

2016年主持APEC高峰會論壇

人才外，更訂定彈性薪資與獎勵措施（含研究、教學及行政服務），留任優秀教研人才，獎勵頂尖績優教師。而全國首創的專責導師制，更延聘具雙專長（學科專業與輔導）的年輕師資，協助學生學習生活與職涯發展之全方位輔導。至於行政人力方面，則透過完整的中高階主管研習、一般行政人員訓練、基層人員晉升訓練、獎勵與升遷制度訂定，及行政人員赴國外標竿學習等措施，讓臺師大在行政人力素質與士氣明顯提升，約用人員亦獲得分類（行政、技術、研發）分級的晉升機會與管道。此外，以平衡計分卡（ＢＳＣ）制度做為團體績效評比之依據，明訂在財務、流程、顧客滿意及學習與成長四大構面的評分要項，並逐年檢討修訂，建立更公平客觀的績效導向考核制度，具體落實公義校園的理念，確實讓學校的行政運作脫胎換骨，煥然一新。

2017年臺北世界大學運動會率選手前往高雄國訓中心

推動體育，成就學校特色

當然，也透過鄭志富體育的專業，協助整合與發展體育與運動科學研究，成為全球排名前七的佳績，這也是繼教育學科在QS世界大學學科領域排名為全球第22名之後，另一項獲得國際肯定的卓越學術領域。在提升運動競技實力，耀眼國際競技舞台方面，除提供多元入學管道給頂尖高中及大學學生運動員入學外，並規劃各項獎勵與輔導措施，以及科學化的訓練環境，讓競技運動選手能兼顧學業與運動成績，突破極限，超越自我，並在國際運動賽會爭金奪冠。從奧運會奪銅、亞運會及亞洲射箭錦標賽奪金奪銀、世界拔河錦標賽年年奪金，及其他國際單項錦標賽及世界大學運動會奪金，本校選手的傑出表現，再再證明臺師大所提供全方位的訓練環境，著實讓運動選手獲得最完善的照顧與輔導。至於臺師大最具特色的體育教學，除維持三年必修的傳統，並透過適性多元的創新體育課安排（分級分類課程、穿戴式裝置與行動學習），優化大學體育課程，從基礎體適能提升到運動技術專精，培養學生帶得走的運動能力與終身運動習慣。至於普及校園師生體育活動，形塑活力校園方面，除積極拓展校外資源，尋求企業合作或贊助模式，更讓每年五月底的體育表演會與每年十一月的校運會啦啦隊比賽，成為校內人氣最旺、最轟動的體育活動。前述這些創新突破的校務推動策略，讓臺師大除了在學術研究（成為頂尖大學）有具體成果外，在傳統教學強項、運動特色發展與行政體制創新，皆成為國內、外知名大學取經學習的典範。

穩健前進，續推組織新制

在張校長續任的下個四年任期中，除了延續前段校務發展重點穩健前進外，亦協助推動管理學院朝向更專業與精緻的發展。而「全人書院」、「金牌書院」與「師資培育學院」的設立，皆各有其特色。談到他與學務處規劃創設的「全人書院」時，仍喜形於色，他說這樣的書院其特色乃在於結合學院式教育的「集中住宿、導師關懷、大師對談」等活動，將書院生都能培育成為具有「激發、領導、創新、團隊、關懷」能力的菁英領袖人才。而整合校內教務、學務、總務、師培處及運休學院資源，為頂尖運動選手量身訂製專屬書院學分學程（人際溝通與社會適應、國際視野、領導能力育創新思維、生涯規劃四大領域，十五門課程），並提供就學優惠、競賽獎金及全方位輔

2016年全大運與800公尺奪金選手合影

導的「金牌書院」，也在他積極籌劃並兼任書院院長下，為運動選手開啟嶄新的學習環境與職涯進路，讓這些菁英運動員都能在學校支持下安心學習，精進運動實力，成為術德兼修，允文允武的卓越人才。此外，為建立更宏觀的前瞻師培制度，本校師培處除了在課程創新、在職培訓、科技支援、實習制度的調整外，並透過整合各系所師資人力，成立「師資培育學院」，打造專業學習社群環境，規劃以「教學」和「服務及輔導」為主的教師評鑑機制，鼓勵師培教師專心投入師資培育工作，具體落實「優質、專業、承諾」的師培目標。他也經常陪同師培處同仁，分赴各縣市爭取師培公費生名額，成為公費生最多的大學校院。而透過獎勵與分配機制之建立，讓進修推廣學院與國語中心成為完全自給自足的績效單位，並在積極拓展業務與精準管控成本的營運方針下，創造年年成長的盈餘，有效挹注校務基金。

2016年臺師大成立金牌學院 鎖定奪牌潛力選手

溝通協調，創造雙贏共好

其實，主修運動管理，凡事講求效率的他，不但是校長十分信賴的「看家」代理人，也是績效主義的奉行者。他所主持的相關會議極多，舉凡校教評會、法規會、內控小組會議、考績會、職員甄審會、約用人員審核小組會議及其他校內協調會議都是由他負責。因此，必須有效掌控會議節奏，避免冗長的會議時間降低議事效率。他會要求業務承辦單位在會前先做好前置作業，與相關單位先行溝通協調，並備妥因應策略，再與他充分討論。因此，這些會議往往都能在最短時間獲得具體共識，並得到最佳的結論，同仁也因此很喜歡跟他開會。他也提到，近幾年校內許多法規制度的大幅修訂與改革，其實在事前已經花相當長的時間溝通，建立共識，才能順利推動。

而他公正無私與一絲不苟的處事風格，劍及履及

2017年行政人員赴國外標竿學習－泰國法政大學

與使命必達的拼命三郎精神，亦協助張校長建立公平有效的行政運作機制，在這八年中成為張校長校務運籌帷幄的左右手。

他談到當初管理學院要朝專業學院（professional school）運作發展時，院內師生對新制實施仍有諸多疑慮，也有許多不同聲音，他主動與院內師生面對面溝通多次，在取得共識後推動新制，目前該學院的運作模式也成為臺師大的一項特色。而科技學院的更名，也是歷經一番努力，他主動到科技學院院務會議，說明學校立場與對該院發展之願景藍圖，幾經折衝最後也順利通過法定程序，將學院更名為「科技與工程學院」，確實讓學院名稱與所屬系所名實相符。至於學生兼任助理權益的處理，是他覺得最具挑戰的工作。自一〇三年五月起，無論是組成專案小組研議、召開校內公聽會與說明會、協調相關單位業務分工與納保事項，以及每個月定期召開跨處室（教務處、學務處、總務處、研發處、秘書室、人事室、主計室）工作會報，皆能指導相關處室明確規劃學習型與雇傭型的工作分類，依法處理兼職學生所關心的工作權益，以及學校所面對的衝擊。由於此議題涉及勞動、教育、稅制、健保、著作權法令、社會公益、學校行政運作、學生權益以及師生關係，因此，處理上就必須格外謹慎。也因為他能確實掌握該政策下學校的因應措施，兼顧雙方立場，在學校校內法規完備訂定、承辦同仁態度積極且具有同理心的原則下，這項工作也順利推動並有效執行。

揚帆破浪，開創師大新局

當然，談到對學生的照顧，鄭志富言語中滿是關懷，表面嚴肅卻擁有一顆柔軟心腸的他，不僅是關心學生的好老師，更是同仁眼中關懷部屬的好長官。虛懷若谷的他，凡事不居功，但談到臺師大近年的突飛猛進，他則一再強調張國恩校長的高瞻遠矚與無私無我的態度，願景規劃與充分授權的轉型領導特質，正是成功幫助臺師大邁向國際一流大學的關鍵人物。而目標一致的行政與學術主管，組成了最有效率的校務推動團隊，發揮高度執行力，功不可沒。身為臺師大校友與行政團隊一員，看著母校在全球競爭的浪潮下突飛猛進，排名節節躍升，鄭志富深深覺得與有榮焉。凡事感恩的他，對於生命中的驚奇歷程，直說是有許多貴人默默地提攜幫助，才能成就現在的他。從澎湖孩子到臺師大副校長，雖然經歷輝煌的行政經驗，相信背後也伴隨許多不為人知的辛苦，但在鄭副校長的口中卻化為雲淡風輕，有的僅是無限感恩與欣喜，他再三感謝張校長給他這份深具挑戰的工作與服務母校的機會。或許正因為這份惜福感恩的執著，才能讓他一路走來「堅持做對的事」，而非只是把事情做對而已。今天，不論面對自己或是臺師大的成長，一步一腳印，築夢踏實，在這裡，他已經找到生命中可以盡情揮灑的舞台。

——把當下的事做好

臺師大副校長　吳正己

吳正己歷任臺師大資訊教育系主任、資訊中心主任、教務長、副校長，並擔任教育部「二〇一六－二〇二〇資訊教育總藍圖」及「十二年國教資訊科技課綱」召集人等多項服務工作，與Intel公司長期進行產學合作計畫。他在擔任教務長期間，推動大學部各學系調整必、選修學分到七十五以下，讓學生可以跨足不同領域到系外選修，增加修課彈性及學習廣度，培養學生跨域能力。他認為許多大學生在高中時缺乏自我探索機會，可能選、念錯科系而表現不佳，不要輕易放棄他們，應該幫助學生轉換跑道、重新探索自我，給他們更多的試探機會；因此，他推動鬆綁雙主修、轉系的成績規定，取消「雙二一」退學制度，並加強對成績不佳學生提出預警，進行輔導、補救教學。此外，他在相關會議上多次指出，放眼世界一流大學，沒有所謂的操行成績，「學生都是成年人，應該為他們自己的行為負責，操性成績不符合時代潮流。」促成開全國首例取消操行成績。吳正己指出，相關措施的推動都與張國恩校長有深入的討論，並獲得他始終如一堅定支持，才得以完全落實實施。

為了讓教師在教學與研究中取得平衡，吳正己也推動教師指導研究生及進行研究計畫可申請減授時數；並實施教師教學獎勵辦法，設置「教師優良獎」及「教學傑出獎」，獎勵教師在教學的努力及貢獻，透過制度改革，激勵教師精緻教學及強化研究能量。

吳正己特別提到，臺大系統三校聯盟的構想，始於一次他與張校長討論有關校際合作，後來經由三校幾次的討論，大家終有共識，讓三校師生分享及擁有更多資源。他表示，三校各有特色，臺灣大學各領域之整體表現首屈一指；臺師大則以教育領域為強項，並以音樂、人文藝術、運動競技

上　教務處新進教師鴻鵠營
下　擘劃臺灣資訊教育總藍圖

見長；臺科大在科技及產業領域居領先地位，三校跨校整合資源，不僅營造更佳的教學和研究環境，更幫助學生跨校、跨領域學習。因應國際化趨勢，三校聯盟也攜手走出臺灣，與國外知名大學實質交流，更具國際競爭力。

在許多人眼中，他是一位數位化、科技化、甚至國際化的副校長。在擔任資訊中心主任期間，啟動一連串的數位工程，讓師生同仁最有感的就是建置數位電話系統，將全校的電話網路化，大幅增加校內的連結性、方便性，更大大降低全校的電話費。此外，國際化方面，推動與賓州州立大學、加拿大英屬哥倫比亞大學合作的校務標竿學習；另與哥倫比亞大學教育學院、加州大學洛杉磯分校、柏克萊分校、南加州大學等進行學術合作，增加教師交流與學生海外學習機會；重新建置臺師大的國際化網站，獲得二〇一五年Q-APPLE 高教國際會議「最佳國際網站」

本校與日本九州大學簽署學術合作協議

本校代表臺灣新南向教育人文學術聯盟與菲律賓大學系統簽約

本校與加州大學柏克萊分校（UC Berkely）化學院簽訂學生交流協議

銀牌獎的肯定。

許多人好奇他的過去，走過什麼樣的歷程，讓他不懈的追尋人生目標。吳正己說：「人生其實並無特定規劃，只想把當下的事做好。」當年只想念完碩士到專科學校教書，並沒有想過出國攻讀博士學位。出現這樣的機緣，主要是在碩士時修了兩位來自賓州州立大學教授的課程，發現收穫很多，而且當年臺灣資訊比較封閉，讓他決定出國見見不一樣的世界。父親是鐵路局員工，家中兄弟姊妹八人，出國念書經濟上並無法負擔，所以選擇碩士畢業後先工作，到華夏工專當講師一年，再回到臺師大服務，三年後申請教育部獎學金，出國攻讀博士學位。

出國進修是打開人生視野的一把鑰匙，也讓他有時間有更多的想法，激發多元的思考，並解開過去的一些疑惑。由於當年出國的歷程走得辛苦，讓他當了教務長、副校長後，更決心推動臺師大的國際化，幫助學生赴國外學習。他談到，國際化不是形式上的說外語，或是全英語授課，甚或是校園有很多外籍生；國際化應該是實質而內化的，是透過與不同環境、背景、文化的人們的互動交流激盪，展現出對不同文化及觀點的理解及包容，增進個人之多元思考，以及國際競爭力。

吳正己認為臺師大老師在國際化上已有傑出表現，老師經由研究或產學合作計畫等，常有機會出國參加研討會，出國訪學。但是學生及行政人員似乎少了許多機會，因此他致力推動爭取學生海外實習機會、增加國外知名大學交換名額；還組織行政人員赴海外標竿學習，深入的與國外大學行政體系交流，讓大學除了教師的國際學術合作外，還包括學生及行政人員全面的國際化。

1　本校與加州大學洛杉磯分校（UCLA）合作推動臺灣研究計畫

2　本校與加拿大英屬哥倫比亞大學（UBC）簽署「高等教育學術領導發展方案」合作備忘錄

3　校園E卡通資訊服務啟動

當年張國恩校長邀請他擔任教務長，他一開始對此重任深表惶恐，後決定加入團隊與張校長一同為臺師大努力。這些年，看到張校長掌握大方向，惟才適用，並對團隊同仁關照支持，都讓他感佩。他與張國恩校長是相當好的工作夥伴，推動的教務及國際化政策都受到張校長的大力支持；他笑說，雖然有時和校長的觀點或行事方式不盡相同，但為了臺師大的共同理想，他們可以磨合得很好。

人為夢想而生的，吳正己一直努力追求完美，喜愛網球的他，在球場上面對每一顆球，也是這樣的執著，對他來說，認真打好每一球是此時此刻最重要的事，人生的美妙之處，就是在不斷思考與堅持中前進。

國立臺灣大學系統成立

——推動臺師大成為頂尖學府：邁向頂尖大學計畫辦公室

臺師大副校長　宋曜廷

本校自二〇一一年起榮獲教育部補助，成為全臺十所頂尖大學之一。「邁向頂尖大學計畫的推動，就是要協助本校從過去重視教學的一般大學，致力成為一所追求教學與研究卓越的學府。」本校副校長（暨邁向頂尖大學計畫辦公室執行長）宋曜廷教授描述頂大的使命。

計畫首階段是以兩個頂尖研究中心（華語文與科技研究中心、科學教育中心）為發展核心，加上三個重點領域（教育、藝術文創、運動科學）為特色主軸，先藉由此兩中心和三領域的頂尖發展，建立臺師大為亞洲頂尖、國際一流的形象。第二階段擴充兩頂尖中心和三重點領域的能量到全

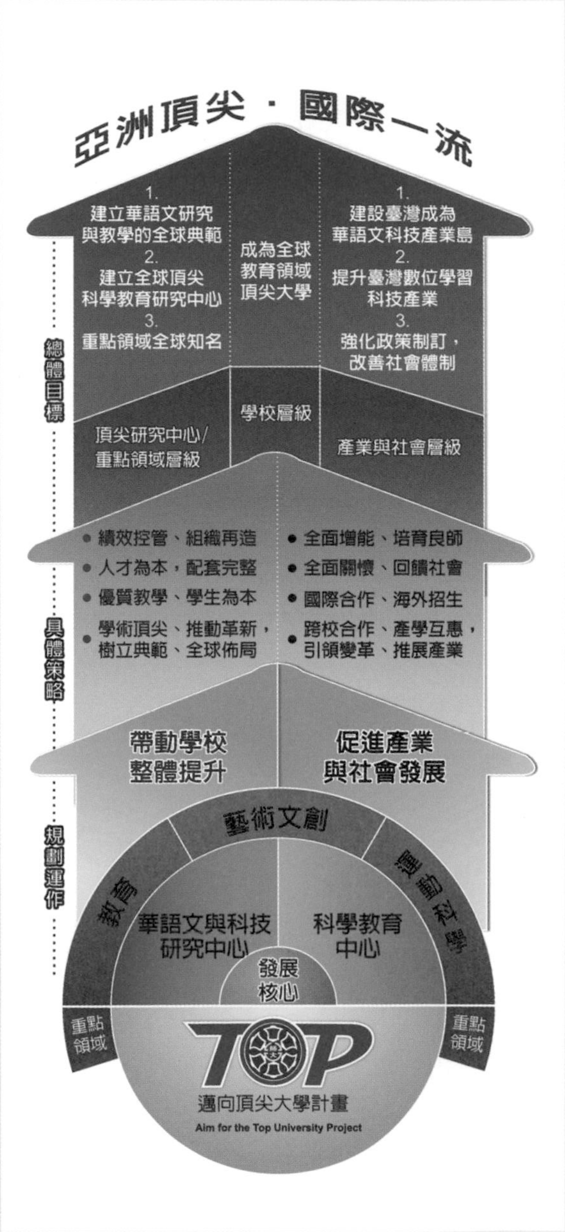

頂尖大學的總體目標與具體策略

學習科學跨國頂尖研究中心成立記者會

105年度華語文與科技中心成果展

中央研究院鄭錦全院士

校，提升學校整體教學研究質量。第三階段將研究成果轉化為知識應用，並納入教學創新具體方案，達成「跨域整合、為師為範」的實踐願景，以提升對教育產業與社會文化的影響力。

在「追求卓越、邁向頂尖」的這條路上，除了政府資源的挹注，全體同仁的努力之外，還有許多溫暖和智慧的手，指引頂尖大學的發展方向，讓臺師大立足臺灣，展望世界。

「華語文與科技研究中心」的幕後推手
——鄭錦全院士

鄭院士每次回臺灣，皆須先經過兩次的轉機，從伊利諾大學威拉德機場轉機到芝加哥，從芝加哥轉機到舊金山，橫跨美國東岸到西岸；最後從舊金山起飛，從太平洋的一端，飛到太平洋另一端的臺灣。從鄭院士家門出發，抵達臺師大校門，所需時

COOL Chinese Plus平台

間超過24小時，即便長途旅程的時間，對年事已高的鄭院士而言，在身體上是有莫大的負擔，即便師母心中有再多的不捨與擔憂，鄭院士仍甘之如飴。

第一雙溫暖的手，便是中研院的鄭錦全院士。

鄭院士已是超過八十歲的高才博學學者，雖然目前定居美國，但仍心繫臺灣學術的發展，關切臺灣華語文教育的未來。

本著對臺師大的深厚感情，鄭院士回臺灣，就是為了關懷我們在學術上的進展，給頂大華語文與科技研究中心精闢、懇切的指導與建議。鄭院士每每回臺，想與大師請益、討論的後輩實在是太多太多了，回臺第一天，必先以「退黑激素」來對抗時差的問題，把握在臺灣的寶貴時間，參與更多的學術演講、交流與討論，展現異於常人的毅力，對於學術、研究品質的要求，數十年如一日，堅持做到最好，不容有任何的怠惰與放鬆，

2014 IWALS在臺師大學辦，邀請鄭錦全院士與David H. Monk蒞臨會議

對於後輩學者的請益，則是不吝於給予提攜與指導。

臺師大擁有國內頂尖的教學實力與研究能量，在鄭院士指導下，更逐步擴充已有成果。例如，臺師大研發出五套華語文聽說讀寫應用平台，包括「eMPOWER華語文全字詞教學平台」、「SmartPinyin慧聽．慧說華語聽說自動診斷與教學系統」、「SmartReading慧讀，會讀國語文閱讀能力適性評量」、「華語寫作自動評估與教學回饋平台」、「華語文本可讀性指標自動化分析系統」。這五套系統都統合在COOL Chinese Plus平台（http://coolchinese.org/plus），供民眾付費使用。這是目前全世界最好的、技術最領先的華語文輔助學習平台，能針對學生的學習困難，提供適性解決方法。針對二〇一二至二〇一六年間SSCI指標的兩百三十種國際教育期刊分析得知，本校在教育領域的發表量為全球國家排名為第二十（臺灣的名次為全球第八，本校全臺第一）；在數位學習、科學教育、華語文教育及管理教育方面，臺師大為全球之冠；國家級與國際性重大藝術競賽（展演）近五年得獎師生逾六

David H. Monk來訪，開啟雙方交流

百人次。二〇一一－二〇一七年華語相關系所學生遍布四大洲二十國進行海外華語文教學，海外就業率高達百分之二十七，全球一百二十二個國家與本校進行華語文研究與產學合作，為海外華語文教師與教材輸出重鎮。在華語師資培育、教材開發、測驗技術等方面皆具備相當充沛的資源和經驗，研究成果的發表數量領先國際，成果斐然。

臺灣師大與美國賓州大的友誼橋樑
——David H. Monk

第二雙友誼的手，則來自美國賓州州立大學。二〇一三年，為推動頂尖大學的國際合作研究，張校長、曾志朗院士（賓州大校友）、國科會科教處陳國棟處長、Monk院長共同合作，讓本校在國科會的資助下，與美國賓州州立大學合作成立了「學習科學跨國頂尖研究中心」。在本校建立「學習科學跨國頂尖研究中心」的初期，該校的教育學院院長David H. Monk便熱情地伸出友誼之手提供協助。兩校在合作之初，僅止於兩校教師之間的交流，尚未有完整的組織。然而，David H. Monk非常積極熱心，他主動了解兩校老師各自研究的領域、方向及專長，居中幫忙穿針引線，協助雙方媒合夥伴，是臺師大與賓州大之間的橋樑。

在雙方決定建立合作關係之後，雙方有很多需要處理的行政手續，且因賓州大校內行政的程序繁瑣及文化差距，雙方花費了許多時間在溝通，還好有David H. Monk居中協調，設法弭平兩校之間因文化差異而產生的一些問題，大力促成賓州大與臺師大的合作。兩校也成立國際高等學習科學工作坊（International Workshop on Advanced Learning Sciences，簡稱IWALS）是本校與賓州州立大學合作最重要的會議，因為他的支持與參與，「IWALS」已經在美國、臺灣、日本、大陸等地舉辦過會議，成為

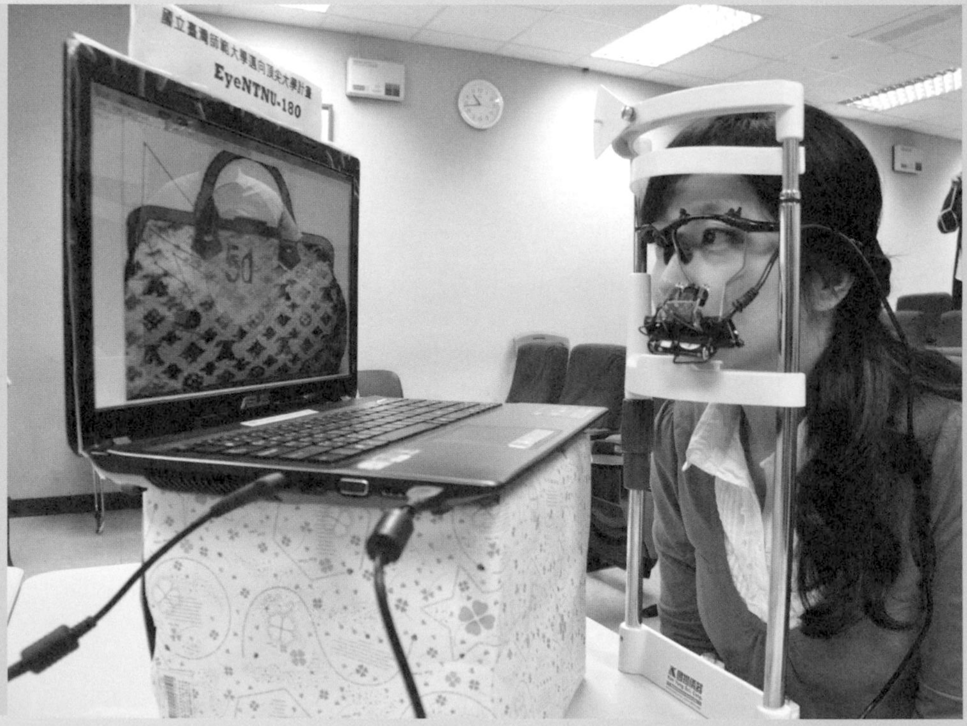

平價眼動儀

一個國際性固定的大型會議。

Dean Monk除了對學習科學跨國頂尖研究中心的建立提供大力協助，也對雙方在後續行政措施上提供許多協助。例如雙方建立了標竿學習的協議，臺師大派員到賓州大學習諸如全球校園（World Campus）的觀念與作法；也學習整個學校的募款機制、行政規劃等。本校透過與賓州大學的策略聯盟，持續強化與推升國際化、學術表現與行政效率，也朝邁向頂尖大學的目標更進一步。

不放棄任何一個孩子：PASSION扎根教學團隊

本計畫的第三階段，重點在於將研究成果轉化為知識應用，並納入教學創新具體方案，以提升對教育與社會的影響力，這些研

PASSION扎根教學計畫

發成果背後，研發和推廣人員的努力，功不可沒。以目前研發的三個診斷系統為例：

「國文科Smart Reading慧讀，會讀」系統包含「中文文章可讀性系統」（Chinese Readability Index Explorer，簡稱CRIE），以及「國語文閱讀能力適性評量」（Diagnostic Assessment of Chinese Competence，簡稱DACC）。可以讓學生快速了解自己的國語文能力，且讓學生可以挑選適合自己程度的讀物，達到適性閱讀的目標。此外，本計畫亦研發出全臺首創「英語診斷及認證測驗」（Diagnosis and Certification of English Competence，簡稱DCEC），能快速知道學生在文法、詞彙、聽力、閱讀等四個面向的水平（內容）和垂直（年級）的能力水準，以及水平（內容）的知識狀態。第三個系統為「數學科測驗系統平台」（Diagnostic Test system of Mathematics Competence，簡稱DTMC），能快速診斷出學生的數學能力與困難。

以上系統皆能有效診斷學生在先備知識上的不足，除協助學生找出學習困難的癥結點，亦可幫助教師快速了解全班同學的學習落差與弱點。

這些發展的成果，在二〇一四年開始逐步推廣到各國中小，二〇一六年教育部國教署協助成立PASSION（Project of Adaptive Screening, Streaming, and Instruction for Omni-directional Nurturing）扎根教學團隊，由胡翠君博士領軍，到桃園、花蓮、臺東各偏遠地區進行低成就學生的扎根教學。透過診斷系統了解學生的起始能力後，篩選出各科需要扎根的學生，搭配相對應的教材教法，施以小班適性教學。另為協助強化扎根教師教學能量，本團隊亦提供師資培訓並實地實境瞭解班級情況，適時給予教學技巧、班級經營等專業建議及教學回饋，以提升課堂效能。

扎根團隊與夥伴學校成員座談會

扎根團隊與花蓮富北國中團隊合影

數學科則是透過團隊合作與遊戲式的方式來評量學習成果。起初團隊和學校方都擔心：「扎根的學生數學基礎並不是很好，上台解題對學生而言會不會是一個艱難的挑戰？」在成果展當日，起初學生對於上台解題稍微沒有信心，但經過老師的鼓勵，學生逐漸變得勇於上台，在完成基本題目後，甚至還想挑戰難度較高的題目。台下的同學還會熱情地加油助陣！

大部分低學習成就的學生不是沒有「能力」，而是缺乏「資源」；不是「不肯學」，而是沒有合適的「學習方法」。為培育每一位中學生具備完整的國文、英文、數學基礎學科素養，並激發其對學習的信心與意願，PASSION扎根團隊冀望經由細緻完整的診斷報告、符合學生程度的教材教法，加上長期追蹤記錄學生的學習歷程，達成弭平學習成就落差，成就社會公平正義的教育目標。扎根計畫推行一年後，根據學生前後測的分析結果發現，不但扎根班的學生三個主要學科的能力有明顯進步，課程本身對學生學習動機提升，亦有極大助益。PASSION團隊的成果，

桃園大坡國中英文科成果發表

臺東鹿野國中英文科成果發表

不僅獲得越來越多縣市政府的肯定而加入，二〇一七年美國國務院Fulbright基金會也資助進行相關活動。PASSION已經成為頂大成果協助社會發展的一個典範。

持續迎向亞洲頂尖、國際一流

宋曜廷認為，臺師大的發展，就像一個接力賽：以前師培為主的教育大學，建立了教育的聲望。現在邁向跨域整合的綜合型大學，頂尖大學辦公室接棒，協助將臺師大各個特色領域的成果凸顯，並且帶動其他領域的發展。頂尖大學的成功，來自於臺師大校內外所有像鄭院士、Dean Monk、和PASSION團隊的同仁，他們踏實努力，一點一滴建立起臺師大的成果，並且在全球發光發熱。未來因應教育部的高教政策和補助方式改變，或許頂尖大學團隊的名稱會稍做變革，但他們協助臺師大邁向亞洲頂尖，國際一流的目標和精神，將會一棒一棒傳承下去。

桃園新屋國中閱讀成果發表

桃園大坡國中數學科成果展

——那美好的仗我們
已經打過

臺師大教務長　陳昭珍

二〇一三年，我甫卸下擔任了六年的圖書館館長一職，滿心期待休個假，不料張校長希望我接下從來沒想過的教務長工作。教務長要做什麼，需要具備什麼專業知識？實在沒有頭緒！請教曾擔任過教務長的吳副校長，他說只要靠著基本邏輯去做就可以了！校長期待的教務處，是扮演學校火車頭的角色，很快的四年過去了，回首四年的教務工作，發現沒吳副說的那麼簡單，它其實是一場又一場的改革工作。

艱難的第一仗——學術組織調整

當校長說要將管院改為專業學院、整併國際僑教學院及社會科學院、僑先部四學科從國際僑教學院回歸僑先部時，我心暗想，這真不是容易的事啊，辦得到嗎？負責校務發展會議的是教務處，所以我們有責任將校長希望的改革案循序送進校務發展會議及校務會議，而校長希望的時程是通過一〇三學年第二學期的校務會議。

臺師大日間部大學、碩博士學生人數近一萬四千人，在臺灣算是一所中等規模的大學，但是卻有十一個學院，學院之間教師及學生數大小不成比例，有的學院教師人數不到二十人，學生人數不到二百人，比一個大院一個學系人數還少。在第一波的校務評鑑，審查委員的意見之一，就是建議學校應減少學院數量。

此外，十年前，僑先部併入臺師大時，為保障僑先部教師權益，因此將教師另外成立為四學科，並放在國際與僑教學院之下，但四學科老師所教的學生屬於僑先部，因此衍生出教師與學生不在同一單位的情況，更不合理的是四學科的老師也參與和僑先部無關的國際與僑教學院所有會議。

要成立新的學術單位容易些，但要整併或改革既有的學術單位，無疑是個艱難的任務，可想而知要被整併或改革的單位一定會強力反彈。組織改革是全校性的問題，不是哪個人或哪個單位能獨自面對，而校長的領導及意志力非常重要。在這波的改革過程中，校長分別請鄭志富副校長負責協調管理學院改為專業學院問題、林東泰副校長負責國際僑教學院與社科院的整併、吳正己副校長負責協調僑先部四學科回歸僑先部。三位副校長非常盡責，分別與各單位展開一連串的協調溝通。其中管院要由一般學院改為專業學院，制度前所未有，管院老師有很多疑慮。鄭副校長多次與管院老師座談，而教務處在校長、鄭副、吳副的指示下，協助訂定專業學院運作辦法，讓管院的老師明確知道專業學院如何運作；四學科老師對於要離開國際與僑教學院回歸僑先部，也非常不安，吳副校長多次就權益、組織等問題溝通協調；國際僑教學院與社科院的整併較為平和，老師們唯一有意見的是整併後學院名稱為何。組織改革提案由教務處如期送進校務發展會議及校務會議，並獲得通過。

由於高教環境快速改變，因此本校學術組織的調整也一波接著一波。以大學部的新增調整而言，由於總量管制，要新增學系幾乎是不可能的事，但由於教務處同仁的細心，發現多年來本校華語系的外籍生招生名額也被算到本地生招生名額，經與高教司的協調，得以釋放出三十六個名額；此外，由於國文系願意減少大學部二十一個名額，因此才有爾後幾個大學部學位學程的新增，以配合時代的發展。

而在研究所部分，校長則希望不要有獨立研究所，名稱相近屬性相同的系所也應該盡量整併，更重要的是，不要系中有系、所中有所，如此不但分散資源也影響招生，因此取消學籍分組是非常重要的方向。這些工作也於一〇五至一〇六年不斷協調進行，且已大致達成目標。

艱難的第二仗——臺灣大學系統上課時間調整

噹噹噹噹，上課了，噹噹噹噹，下課了。不知道臺師大的上下課時間是何時定下的，不過臺師大的老師或學生早已習慣這個時間表了。

二〇一四年，對臺師大而言是重要的一年，因為這年臺大、臺師大、臺科大這三所在綜合性大學、師範大學、科技大學各領風騷，地理位置相近的大學，決定攜手合作，組成聯盟。三校聯盟，並不是形式上或口號上的聯盟，而是實質的合作，對三校發展、對老師、對學生都有用的合作。因此，三校教務處面臨的第一個任務，就是讓學生可以不用另繳學分費，自由的在三校選課，而且這個任務必須在開始合作的第一學期達成。

課業是學生大學生活的主體，選課是學生最重要的工作。對教務處而言，學生選課是我們每學期都要面對的重點工作。從系所決定每學期要開的課程、老師上載課綱、學生線上選課、加退選、授權碼、停修等，有非常多細節需要處理，教務處有很多制度也都和課程相關，如教師授課時數、學生選課相關規定、暑期修課辦法等。

2014年教務處國際研討會

2014年總整課程全體合照

感謝三校教務處同仁克服各種障礙，聯盟開始的第一個學期就讓三校選課上路，而且有五百多人在三校上課！更感謝臺大教務處，扛下整合的工作，負責設計三校選課網頁。此外，為讓學生將另兩校課程與本校課程於選課時一起思考規劃，從聯盟的第二個學期開始，另外兩校的課程，開始匯入自己學校的課務系統，讓學生在本校的選課系統上直接選課。

當聯盟選課正式成為校園課務的一部分時，有些問題也慢慢浮現。首先因為行事曆不一，而有本校開學了，但臺大、臺科大還沒開學；本校放假日，但臺大、或臺科大有上課；其次因為三校時刻表不一，因此選課系統無法提醒學生選到了衝堂的課；還有學生反應，從臺師大下課趕到臺大上課時，老師課已上了一半。這時三校教務處認為，該調整三校的行事曆及時刻表。

因為臺大校園大，為考量學生換教室所需時間，三校協調出來的時刻表和臺大原有的時刻表比較相近，而臺師大要改的比較多。修改時刻表茲事體大，送教務會議前，我親自在校總區及公館校區跟學生開會說明，學生反對的理由包括中午要練球、中午沒時間吃飯、晚上來不及吃飯、跨校選課是少數人的事等等，並要求以問卷調查師生對修改時刻表的意見。我同意進行問卷調查，但也跟學生說明，時刻表的提案同意權在教務會議代表，調查結果只能提供代表參考，而非此案的結果。

雖然學生透過投票表達意見，但教務會議的代表們最終還是通過三校聯盟協調的時刻表。國立臺灣大學系統才歷時三年，跨校選課已從第一學期五百人次，增加到現在每年高達六千人次，它已不是少數人的事了！我想教務會議的代表當時應該沒有做錯決定。

最難成立的學程——國際雙碩士管理學程

二〇一四年教育部高教司積極推動自由經濟示範區高教創新計畫，鼓勵各大學與國外大學合辦國際學程。這幾年，大陸也和美國不少名校合作設立分校，如在華東師大的紐約上海分校，深感臺灣高等教育在這方面稍嫌落後，實在需要迎頭趕上，讓學校更國際化。但是我們應該和誰合作，誰又願意和我們合作呢？

合作必須建立在既有的基礎之上，為了找合作對象，我們曾探詢了一些學校，但未獲共識。後來藉由南卡羅萊納大學（University of South Carolina, USC）的運動休閒學系來與本校體育系簽訂雙聯學位之際，得知ＵＳＣ的商學院（The Darla Moore School of Business）創立於一九一九年，在商管界以及國際企業領域中，不論是在教學或是研究領域皆為數一數二，在世界各地都給予其相當高的評價。其優異的學術與教學的表現如下：

一、世界第一的國際企業MBA program（U.S News & World Report）

二、持續二十五年在國際企業MBA program保持前三名的地位

三、世界百大商學院中國際經驗排行第一（Financial Times）

四、國際企業相關研究產出為全美第一，世界第二（Journal of International Business Studies）

那一年的暑假，我多次約了在南卡教書的Grace Yang教授討論合作設立國際學程的可能性，也因為楊教授熱情的居中幫忙，本校管院得以和南卡簽訂ＭＯＵ。ＭＯＵ是由校方簽訂，要成立國際

管理學程還是需要南卡商學院的同意，此時管院教師接手和南卡商學院密集溝通協調，最終取得南卡商學院的同意，DIMBA得以成立，今年已經招生第二屆學生，網路報名非常熱烈，但因學費昂貴，實際入學人數還有待努力，但這是以全英語教學、培養全球商業管理人才、同時獲得臺師大及南卡雙學位為訴求的學程，因此學生也是來自世界各地。

不知為何而戰的一仗
——紛紛擾擾的研究及教學助理制度

在眾多教務工作中，最令我覺得無力感的是研究及教學助理制度爭議！我也一直很猶豫要不要寫上的一段，因為這一仗只有輸家，沒有贏家，但是確實也是值得我好好檢討、一段令人心力交瘁的歷史。

學生擔任研究及教學助理到底是學習還是雇傭關係，如果要問我個人意見，我始終認為這是學習關係，

2016年教發中心研討會

2016年Pen State U學習參訪

是以學習為目標設立的職務，只有工讀生應該是屬於雇傭關係，因為工讀生做的是千遍一律的工作，是為了減輕負擔而增聘的人力。以美國的Penn State University及加拿大的University of British Columbia為例，學校只有學生人數超過一百人的課程才會有TA，其他課程都沒有，但是我們的課，可能三十人以上就會有TA。

學校是提供學生學習的地方，其經費應該用在協助學生學習，而不是讓學生賺錢的地方，學校不是生產單位，不是以營利為目的的企業，在有限的經費下，在不健全的勞基法下，將研究助理及教學助理都變成需繳勞健及勞退保的雇傭人力，其結果就是有很多學生沒有機會。不過從另一個角度來說，教師是否合理的使用教學助理，也是我們應該關心的問題，教學助理的服務範圍應以該門課程教學相關事務為限，而非分配給老師個人使用的工讀生，老師們應該給予教學助理所需的教學訓練，使同學未來在就業上能因曾任教學助理而加分，落實教學助理的真諦。

2017年UBC學習參訪

2016年新加坡南洋理工大學學習參訪

爭取教育部法規鬆綁——成立華語文教學境外數位在職專班

華語文教學是臺師大的優勢領域，除了國際人士到本校國語中心學習華語外，本校華語系培養出來的學生，也遍及在全球各地教學。近年來中國崛起，華語也成為一門顯學，大陸也不斷以成立孔子學院，提供免費師資擴展華語教學市場；因此如何發揮臺師大優勢，讓保存在臺灣的中華文化能藉由華語學習傳揚出去，實為當務之急。然而臺師大校地有限，要擴大學校規模是件困難的事，唯一可行之道就是發展數位學院。數位學位學程不但可解決本校校地不大的困境，更是全球高等教育發展重要趨勢，美國很多大學的線上學生早已比在校學生來得多。然而要成立對境外招生的數位學程，真不是簡單的事，困難點不在科技技術或學術專業，而在教育部的法規，依照二年前的法規，只有對內招生的在職專班可以全數位方式上課。因此，若要成立華語文境外數位專班，非得請教育部修改法規不可。

為了突破法規，我請教教育部相關主管，並透過由部長主持會議的各種場合表達訴求，當然最重要的主管單位還是資科司，還好當時的李司長是對數位學習發展趨勢瞭解的科技人，在李司長的支持下，該法規終於鬆綁了！

在一邊訴求法規鬆綁，我們一邊還需準備可以通過教育部數位學習認證的課程。對臺師大的老師來說，要以全數位方式上課，需滿足資科司四十多條認證要求的課程，而且一次要認證五門課程，還是頭一遭。為此一戰，教育訓練是第一課，只是這次要訓練的是老師而不是學生。我們邀請

2014年頂大成果發表

校外已有多門認證經驗的老師來校分享經驗，整合教發中心、圖書館ＯＣＷ小組，並準備相關的軟硬體設備一起來協助老師，感謝應華系林主任及老師的全力配合，頂大辦公室在專任助理經費的協助，相關問題都一一克服，也創下在資科司同時通過課程認證及學程認證的先例。目前該境外數位專班已招生第二屆學生，學生來自全球各地，報名相當熱烈。現在臺師大已整合相關資源，成立網路大學籌備處，未來希望有更多的境外數位專班成立，落實以數位學程招收外籍生的目標，也讓臺師大成為一所真正的國際大學。

拒絕高四國文、英文——共同教育的改革

本校大學部共同課程總計二十八學分，占大學部總學分近四分之一。共同課程包括跨領域的通識課程、共同國文、共同英文、共同體育、服務學習等。其中共同國文及共同英文長期由國文系及英語系負責，內容及教法和高中類似。改革共同國文及共同英文的呼聲一直存在，學生質疑，學系也有意見，為何讀了十二年的國文，大學一年級還要讀一年國文？為何讀了那麼多年的英文，對於閱讀專業英文教科書卻沒有幫助？而在頂大計畫中更是將提升學生國文及英文能力列為重點。我擔任教務長後，就一直聽到校長、副校長的期待，希望教務處能提出改變計畫。

改變首要處理的，就是組織的調整，共同國文、共同英文、共同體育既然是全校性的共同課程，是每一個學生都要修的課程，其定位、教法、內容有其特殊性，既非高四程度，也非國文系、

英語系、體育系的專業程度，要國文系、英語系、體育系負全責並不適當，應該將業務及師資從三系獨立出來，成立全校性共同教育中心或共同教育委員會一起規劃。

在改變的過程中，三系的教師認為學校此舉主要在削弱三系的能量，誤會難免，溝通也是必要，因此我們透過不斷的開會、討論，三系的師長雖有意見但也願意配合，我們也不斷強調，學校是更重視學生的國文、英文及體適能，只是覺得這應該是校方要承擔的重任，而不應只是由三系各自承擔，更重要的是，共同國文、共同英文、共同體育要教什麼，要如何配合系所專業的發展，學生未來就業需求來教學，更為重要。歷經一年多的時間成立了共同教育委員會。目前共同國文以議題寫作為主軸，並融入深度討論，以培養學生批判思考能力；共同英文朝向與專業結合方向發展，期能銜接各系所專業全英語課程。結合改革仍持續進行中，很感謝三系以學生為主體來思考的師長們，以及在改革過程中，態度始終堅定的校長。

建立跨域學習環境——國內第一所降低學系必、選修專業學分的大學

三、四十年前的大學，不強調跨域學習，我自己的大學讀得很迷糊，系上排什麼課，學生就乖乖的從這些菜單選課，可以少修課，絕不會多上課。但是現在時代完全不一樣了，花了四年大學學到一個專業進入職場時，這個專業可能人力過剩、可能開始萎縮，所以可能找不到工作；更重要的，現代的企業重視跨業整合能力，如果不瞭解其他領域，要和他人整合也很困難。因此雙專長或

同儕觀課諮詢討論

多專長，已成為現代高等教育重要課題。

課程是大學的核心，沒有結構性沒有方向的課程，不知要將學生帶向何方；課程內容太多的重覆也只是浪費學生的時間，課程是屬於全校的，不是屬於一個系所或一個老師，課程是學校共同的資產。然而大學的課程，除了共同課程外，主要由系所安排，系與系、院與院之間，鮮少協調；除了必修課以外，選修課則多以老師可以教什麼課來規劃，少以學生應該學什麼來思考。老師的研究越專業，教的也越專業。四年八學期，學系的專業課程有的可能規定要選到一百學分。因此，如果學生要修雙主修、輔系，延畢是必然的結果，另一種選項就是不修雙主修、輔系、學分學程，或者修到一半就放棄。如果要改變這種情況，就是系所要重新盤整課程，並降低專業必選修學分。

要各系所降低專業學分是吳副校長擔任教務長時就開始推動的目標，而在我任內，也積極於教務會議跟各系所主管說明政策理念，並繪製一張全校課程架構圖，

鴻鵠營

讓系所容易了解，因此本校於一〇三學年度即達成此目標，成為國立大學中第一所做到降低學系專業必選修為七十五學分、留下二十五學分自由選修空間給學生的大學。有了二十五學分自由選修的空間，我們就可以大力的鼓勵學生修習雙專長。這樣的課程架構與西方國家一致，在國內則屬前瞻，還有非常多的大學因為受制於系所而做不到。

更多的改變在臺師大……

只要是不適切、不合時宜的制度，我們教務處都願意馬上修改，這幾年，在我們隨時檢討下，修改了很多辦法，也建立了不少新機制，如將成績從百分制改為等第制，希望學生為學習而學習，不要分分計較；推動基礎學科免修認證，推動暑期先修課程，讓優秀的同學更快學習專業知識，也讓高中與大學的學習盡快銜接；建立弱勢招生及學習輔導機制，促進社會流動，實踐大學公益性；訂定學術倫理教育研習實施要點，博碩士生學位論文違反學術倫理案件處理要點，要求學生論文須經剽竊系統檢查等，以確保學生的論文品質。推動總整課程，讓系所幫助學生反思學習經驗，過渡到未來發展，並檢視系所課程；鬆綁大三大四學生上修研究所課程，有助於學碩五年連修；建立同儕觀課與回饋機制，協助教師精進教學；修訂本校教師授課核計要點，允許教師以多種條件減授鐘點，平衡教師的教學、研究、行政負擔。

只要有更好、更完美的想法，教務處都秉持著願意創新的態度。傾聽老師與學生的聲音，努力與系所溝通協調，是教務處的策略；成為一所偉大的大學，培養一流的人才，是我們的目標。面對日新月異，不斷改變的社會與高教環境，臺師大還有長路要走，但我很感激有此機會，為臺師大的教務服務，也感激師長們的體諒、信任與包容，感謝不斷磨練我們的臺師大學生，更感謝校長、副校長的堅定，如果有一點成績，最該歸功給有前瞻眼光的張校長，他讓我們好做事，讓行政團隊可以義無反顧地向前衝，讓臺師大做了大改變，躍升到頂尖的國際舞台。

2017年大學博覽會

與北區技術型高中策略聯盟校際合作簽約，開設生活技能通識課程

——打造學務新標竿，
師生攜手創新局

臺師大學務長　張少熙

「一個人思想格局的大小，與他成就的高低成正比。」國立臺灣師範大學學務長、教育部北一區學務中心召集人張少熙，對於學生活動創新及制度建立不遺餘力，例如廢除操行成績、在國內首創專責導師制、開辦伯樂大學堂新生營、實施全人書院、創辦社區諮商中心、編撰學務叢書等，各項作法已成為學務工作的標竿，經常吸引國內外學校取經，包括北京大學、美國賓州州立大學等，幾乎每週有學校參訪。他擔任學務長四年，已為臺師大建立未來十年的基礎與願景。

生長於臺北的張少熙，因家中父親經商，從小對商場運作不陌生，造就了他靈活的個性，由於

全人書院高桌晚宴

對接手父親事業不感興趣，反而是誨人不倦的教師工作，深深吸引著他。

生性好動與熱心，他在求學過程中，常擔任班級幹部，特別是當班長，讓他比別人多了很多歷練機會。讀高中時，參加拳擊比賽獲選國手，多次代表國家參加國際錦標賽，競賽成績優異，獲得第一等資格保送臺灣師大就讀，進入大學後，仍連續四年代表學校獲得大專盃冠軍，一九八二年獲頒最佳選手獎，有感於當時運動環境不成熟，讓他逐漸將重心轉往學業及社團發展。

大學時期，除了擔任救國團假期青年服務志工外，張少熙更憑著

美國賓州州立大學蒞校交流

康輔及活動企劃的專長，被指定擔任召集人，負責訓練教師康輔及新進服務員。學校及社團的優異表現，讓他在一九八一年獲頒「全國十大傑出服務獎」，一九八四年獲選全國青年節籌備會執行委員，代表全國青年向總統及黨政軍致意，這些經驗讓他在短時間內提高了視野，增添了許多難得經驗。

投身教育，發揮所長貢獻所學

一九八五年，他獲聘臺北縣立重慶國中任教，三年教學及行政工作表現優異，獲得母校師長推薦回臺師大擔任助教，投入學術研究及教學，升等為教授，專長研究領域是高齡者、體適能、運動休閒產業等，教導休閒遊憩概論、運動行政與管理、體育課程與教學等課程。也因早期受邀到各專業團體及公私立機構擔任教育訓練講師，培養了獨特的群眾魅力，擅長營造上課氣氛，深受學生喜愛。

他長期從事高齡者運動健康促進議題的研究工作，邀請芬蘭高齡者運動公部門、運動推廣機構到臺灣演講，也邀請日本筑波大學體育系大藏倫博教授，分享日本如何以運動解決高齡者疾病和老人失智問題，提昇國內學術專業能量。張少熙進一步結合學術與實務政策，接受國內政府及民間專案委託，將研究結果應用在政府及民間單位的高齡者運動政策，實際進行高齡者運動促進課程及教學，更因此發表了七本專書及一百一十二篇期刊與研討會論文。

從二〇〇〇年至二〇一二年，長期參與中華民國體育學會，歷任理事長、副理事長及副秘書長等，發展體育與運動相關學術研究，例如配合十二年國教，推動體適能檢測站，協助政府執行體適能各項政策與計畫等，對國內體適能推展，貢獻良多。

接任行政工作，落實「價值傳遞、接軌國際」

一九八八年回母校服務後，歷經助教六年及講師六年的辦公室歷練，培養了厚實的行政實力。升上副教授後，獲學校主管邀請，先後擔任體育研究與發展中心組長、主任、運動與休閒管理研究所所長、運動與休閒學院院長及學務長等職務，是目前臺師大擔任一級主管中行政年資最久的一位。

細數漫長的行政工作，張少熙每階段都面臨不同挑戰，更秉持「凡經我手、必更美好」的自我堅持，二〇〇三年至二〇〇六年領導體研中心、擔任主任時，大至國家體育政策，協助教育部體育司對全國體育課程規劃與執行、擔任行政院體育委員會委員修訂體育政策白皮書；小至學校體育行政，包括學校體育主管講習、學校體育統計年報、體育課教材教法等，都扮演重要角色。

有了二〇〇六年至二〇〇九年當運動與休閒管理研究所所長的「服務」基礎，張少熙從二〇〇九年八月至二〇一三年七月，成為運動與休閒學院成立以來，首位連任的院長，他一上任就提出「價值傳遞、接軌國際」的口號，希望師生增廣視野，朝國際化邁進，讓學院師生走向世界，更讓各國文化走進臺師大。

他上任後，為增進學生外語能力，落實國際化的推展，開設多益英語課程，若學生出席率達到八成，全數退回當時交的保證金，以提供優質的外語學習環境，此外也聘請外籍教師開設會話課，並將多益考場移到臺師大校內，絕大多數學生反映良好，至今仍持續開設課程。

他也致力與國外各大學締結姊妹校院及簽訂交流合作協定，部分姊妹校更提供學生全額獎學金赴外交流攻讀學位，不斷增加的交流學生，除了體驗國外文化外，也逐步活絡整個學院的氛圍。對異國文化不再陌生，更積極主動踏出步伐，這就是他最樂見的情景。

例如，與日本私立名校早稻田大學運動與科學學院合作，每年推薦至少兩人免費就讀早大博士班三年；與美國南卡羅萊納大學餐旅、銷售與體育管理學院簽訂碩博士雙聯學制等。

他也促成臺師大與大陸名校北京大學往來更密切，從傳統楊家老架太極拳基礎上加入現代學術、一九五八年被列入臺師大體育課程教學的「大師太極」，一九九四年開始在北京大學校園成立的學生太極拳社團，透過該社團，臺師大與北大兩校，從太極文化活動，帶動了兩校的文化、藝術、學術的全面展開交流，他更鼓勵體育系與中國名校北京大學體育科學研究所簽約交流，也促成了二〇一一年締結姐妹校的緣分。

繼二〇一三年致贈一尊二．五米高、「玻璃纖維」製作的二〇〇八年北京奧運太極雕像，開展兩校體育交流合作新頁，二〇一七年更翻製「銅質」太極雕像贈送臺師大，北大不僅將太極拳運動列為大學生必修課程，更將太極視為發揚中華傳統文化的重要項目之一，象徵兩岸共同傳承太極武藝。

推動學務創新工作，成效卓著

從二〇一三年八月至今，張少熙兼任學生事務長，依據校長治校理念及校務發展計畫，並參照國際知名大學，順應社會發展趨勢，結合各區夥伴學校及社區資源，以創新理念、宏觀作為，加強學務工作，致力於營造一個友善安全、活力健康、自主尊重與溫馨和諧的校園環境，以協助學生「全人發展」與「成功學習」為目標。

廢除操行成績，培養學生自律自主能力

為「破除教育形式主義」、「具體落實品格教育」、「信任學生自律能力」，從一〇二學年度起首開風氣，廢除操行成績，臺大兩年後也跟進實施，不過為維護學生權益，學校也可以提供操行證明申請，若學生申請校外獎學金需求，再依獎懲不同進行加減分，並可透過「校園E卡服務站」申請列印操行分數及等第證明書。

開國內大學首例，實施專責導師制度，強化輔導功能

因應社會多元化與學生問題複雜化，臺師大依據本身特色及實際需求，比照國外哈佛等名校，

一〇三學年度起在國內首創「專責導師制」，以專人、專業與專責，有效掌握學生狀況，適時提供必要協助，並落實學生宿舍、校外賃居及特殊學生輔導。一則學生事務權責統一，輔導資源可以有效整合運用，以強化初級輔導功能，二則教師可專心從事教學及研究，追求學術頂尖與卓越，全面有效推動及落實各項校務行政工作。

這批具有社工、心理諮商、原住民事務等專長的專責導師，經過兩週職前訓練，並與具有輔導經驗的軍訓退休教官及校安輔導員共同編組相互輔助，充分發揮各自專業並形成統合力量，執行三年多來，經實施成效問卷，學生對於專責導師滿意度達四・三四分（滿分五分），且對於「個別狀況處理與班級經營」與「人際互動與校園經驗」兩層面，均有顯著輔導成效。

率國內大學之先，臺師大更在校務會議修改組織規程，學務處所屬的「軍訓室」與「專責導師辦公室」合併，正式更名為「專責導師室」，僅存的三名教官順利轉型，連同原有三十二名專責導師，專責學生輔導工作，目前校內已無教官之編制。

建立整合型新生定向輔導模式，落實學生學習方案

為提供新生入學學習資源，使其建立學校認同感，規劃大學生涯學習計畫及儘速適應大學生活，建立新生入學定向輔導創新模式（伯樂大學堂），整合約十三個行政單位及三十二學系之學習資源，規劃執行四天三夜的新生營活動。

活動取臺師大校樹「阿勃勒」諧音及伯樂尋千里馬之意，更以「師大開啟嶄新的你，Now The New U」為主題，近兩千位大一新生透過校園導覽、服務學習、健康體適能、社團迎新嘉年華、處室暨學習資源博覽會、學系時間、選修講座等豐富活動及課程，更了解臺師大環境及學系概況，提升大一新生對學校的認同感，進而以成為師大人為榮。

舉辦兼具創新與傳承之畢業典禮，留給畢業生雋永難忘的美好回憶

以校園回顧、授證典禮、夢想起飛等三個活動，串連整場完美的畢業典禮，師長帶領畢業生在校園內進行最後的「校園巡禮」，回憶這四年點滴，接著是莊嚴隆重的

新生營晚會－滾動夢想

授證典禮，最後移到體育場草地上，施放「夢想起飛」熱氣球，創造永恆回憶。近兩年更突破臺師大七十年來的傳統，率先邀請兩位未滿三十歲的畢業校友返校演講，包括年僅二十九歲的英語系九十七級校友、DFC全球孩童創意行動挑戰臺灣發起人許芯瑋、年僅二十七歲的生科系一〇一級校友、「寶島淨鄉團」創辦人林藝，分別擔任主講人，演講內容貼近畢業生，受到熱烈迴響，更獲多家媒體大篇幅報導。

募集校外資源，增加學生安心就學措施

學校提供上百種獎助學金和多元工讀管道，除吸引優秀學生就讀外，也能協助學生度過難關，許多師長和企業校友都響應捐款，讓愛心永遠流傳。十年前成立的「還願助學金」，幫助學生在發生急難及困難時，還能安心完成學業，也希望申請同學「取之於臺師大、用之於社會」，日後有能力再幫助他人並回饋母校，將臺師大愛的精神及善心傳遞下去。一〇四學年度新增一千五百萬元捐款，設置「鄧傳馨先生還願助學金」，是臺師大歷年金額最高的助學金捐款，以提供更多學生專心向學。

上　畢業典禮－希望升空

下　畢業典禮－夢想起飛

學務處勇奪第69屆全校運動會創意繞場第一名

營造多元學習環境，促進學生學習與成長

歐美大學「學院式」的教育具有「集中住宿、導師關懷、大師對談」等特色，臺師大自一〇四學年度起開辦全人書院，把宿舍規劃為具有「共寢、共食、共學」等要素的學習環境，「不只要在教室內學習，更要在課堂外學習」。包括主題小組討論、小型講座或校外參訪，也有高桌晚宴活動，邀請社會賢達及校友名人到場開講，並與書院師生們共餐，分享生活經驗及提升學術涵養。

至於被視為大學生必修三門課的「課業、愛情、社團」，一〇四年社團人專業領導培力學分學程開始招生，讓同學玩社團也能拿學分。課程下限二十學分中，包括社團實習、社團實務、專業學識等課程，培養學習領導、行銷、管理技

學務處蟬聯第71屆全校運動會創意繞場第一名

能，其中「社團實習」課程首創讓社團幹部實際領導經營社團後，可獲得四個學分。

張少熙說，現在社會強調團隊合作，不少企業反映大學曾參加社團的學生畢業後進入職場，整體表現優於未參與者；校方因此設計該課程，鼓勵學生參加社團，並可讓學生學習溝通、領導、合作及人際關係，提升學生競爭力。

此外，擴大辦理黃金雨季系列嘉年華活動，包含社團評鑑及校慶師駝晚會等，提供學生發揮創意的平台，促進校內師生、社團同學交流學習機會；透過社團評鑑，讓各社團發表這學年經歷及成果，互相觀摩學習及社團傳承；最後結合校慶元素，以社團年度成果發表形式，辦理校慶暨師駝晚會，歡慶校慶，並頒獎表揚社團評鑑成績優異的社團。

規劃社區諮商中心及發行學務叢書

為了充分發揮臺師大特色，張少熙規劃設置社區諮商中心，提供社區民眾高品質低收費的心理諮商服務，服務對象包括兒童、青少年與成人，內容包括心理衛生講座、個別心理諮商、團體心理諮商、諮商專業督導、轉介服務等，以專業心理諮商服務社區，提升形象，並建立臺師大教學研究與實務卓越品牌。

有鑑於近來發生多起大學生因情感問題而傷害他人，為防患於未然，規劃出版情感專書「快樂心天地」。全書以實務小故事，結合專業意見與處方箋道出常見的感情議題，以提供教職員生情感議題自助準則，並作為他校學輔諮商參考。此外，學務處也出版「優良導師故事」、「伯樂大學堂——開啟嶄新的你」、「快樂心天地——許一個幸福的未來」、「大學生的社會實踐與反

學務長是學生永遠的後盾

思」、「職涯心未來——創一個璀璨的人生」、「玩出競爭力」等學務叢書，詳實記錄得獎者心路歷程及活動具體成果，以利未來到他校分享寶貴經驗。

尊重學生想法，營造自由、自治的校園氛圍

張少熙以「生命是燈，夢想是油，若要燈亮，必先加油！」期許每位學生要懷有夢想並勇敢追夢的意志，致力營造友善、安全及健康的校園環境，提供豐富多元的學習資源，讓學生在充滿自由、自治的氛圍中，達到最有效、最成功的學習與發展。

對於各項學務工作決策過程，均邀請學生代表參與，包括社團空間分配、宿舍安全管理，甚至疾病防治相關的保險套服務販賣機設置等，事

前都充分與學生溝通，此外，鼓勵學生關心國家發展與社會重要事件，並充分表達不同看法，在三一八反服貿事件中，就肯定臺師大學生在追求民主自由的歷史進程中沒有缺席。

以創新作法，用心打造幸福優質的學務團隊

張少熙上任時勉勵同仁，「凡事不僅是做結束，而是要把它做好」，並把每位學生當成自己小孩看待，如同身為父母來從事學務工作，自然會讓學生感受得到，因而產生向上的心。

雖要求工作品質，也提供相關管道與資源，讓同仁自我充實，如教職員工生組團赴港澳地區知名大學標竿學習，並推薦同仁參加國內領導培訓課程，從上到下一視同仁，任何職位都重要，強調團隊精神、團體績效，希望以主動創新的態度，打造更多學務工作亮點，受師生喜愛及肯定，成為全國學生事務的典範，也因此榮獲教育部一〇三年、一〇四年度品德教育特色學校，並持續獲教育部選定擔任一〇三至一〇七年北一區學務中心及輔諮中心。

如今從事教職滿三十四年，回首來時路，他除了感恩還是感恩，他感謝張國恩校長的知遇之恩，認同校長常說的「行政工作沒有私心、凡事求合理」，有私心就會失去判斷準確性，他更感謝過去師長所累積的基礎，全體同仁及學生一起努力，才有今天美好的果實，他終身以師大人為榮。

伯樂大學堂「預見未來之夜」

成立社區諮商中心

——創新品味的樂活校園：臺師大總務處翻轉校園

臺師大總務長　許和捷

總務處是大學營運的重要後盾，學校如果沒有良好的基礎設施與服務、完備的採購與金流、安全的防衛與監控、精確的財產與活化管理、學生住宿的安心與舒適等條件，是無法穩定前進。

總務處在大學的營運單位之中，是公認較為辛苦的單位，主要因為此單位所涉及的專業領域龐雜，所面對的人事物交錯繁複，再加二十一世紀轉變快速的臺灣社會環境與氛圍，隨時都有不同的挑戰與狀況。

近八年臺師大總務處歷經四任總務長與多位副總務長的努力，大家將臺師大的每一寸資源，盡力地發揮到極致。整體而言，要將國立大學的公務系統有所翻轉，最重要的是「思維」的轉變，目前總務處因為現有各組組長皆具有強大的專業度、積極性與橫向溝通的能力，所以在推動翻轉業務上較為容易。臺師大總務處人員有兩百多位同仁，帶領這樣龐大的行政團隊與專業資深的各組組長，最重要的是給予快速明確的目標、堅守一致性與制度化的標準與推動公平公正公開的程序，才能讓整體營運順暢和諧。

以「創新品味的樂活校園」為整體目標

（一）校園定義的翻轉：二十一世紀的校園不再只是校園，是在某個時間與空間中，學校各種人事物發生關聯性的場域，必須考慮多元功能與多人使用的狀態，使校園發揮最大使用能量與創新。首先，由於臺灣經濟與資源轉變，所有事務都必須有「開源節流」的概念，因此資源共享、成本概念、多功應用與跨界合作的營運模式是必然的。其次，空間與人事轉變的核心在於人的思維，必須使團隊逐漸認同營運理念，推動共榮、共享與共學的大學校園。最後，在有限的固定資源中，尋求提升校園內外生活品質的提升，並透過穩定的計畫性預算編列，使學校運作邁向精緻化、專業化與品味化。

（二）**明確的校園形象概念：**臺師大有三個主要校區，另外有多個分佈在臺北市街區中的零散校地，為了使校園規劃能具體塑造整體形象，分別建構了各個校區的形象定位。和平東路校本部是以教育與人文藝術為主，定義為「臺北市的人文藝術特區」；公館校區為理學院與運休學院為主，並將建構全新三千床宿舍，所以定義為「新店溪畔的學生聚落」；林口校區為僑生先修部與研究中心，定義為「健康生活的森林公園」，在這個定義之下規劃每個校區的重點設施與內涵。

（三）**清晰的營運方針：**首先是人員心態在「服務效能」上的提升，面對繁雜的人事物就更需要有良好的服務態度與溝通能力，唯有先建構好總務處基本職責的共有概念，在此認知下處理事情就相對容易些。其次，是認同總務處必須有「專業職能」的建構，必須讓全校認同總務處各組的業務都是一個極專業的領域，脫離過去只是大學營運末端工人的形象。專業執行上在法令規章與制度的專業理解，必須朝向合法審慎的心態下去尋找出最好的協助方式。最後，校園必須邁向具品味的「綠色智能」環境，讓全校師生在認同此條件，才能推動具有輕重緩急的設施規劃與節奏感。

以「人」的溝通為核心，精實完成各組任務

臺師大總務處管理全校三大校區與數十個校外房舍，近兩百人人員編制共區分五組、一隊、一中心。每一組都有專業與溝通能力非常好的組長領導，是關鍵成功因素。近八年除了精實創新的各組組長之外，透過組長之間合作和諧的節奏與作風，去除行政上「本位主義」的橫向溝通思維，是本處發展的重點。

（一）強調品質化與計畫性的「營繕組」

重大新興工程與新建房舍是公家機構很重要的業務，如何防止弊病又能夠「快速與平安」地完成建設是一大學問。廠商與建築師由於利益或法令制度的微妙關係，要使營繕工程順利的唯一辦法，就是需要同仁密集的追蹤與協調，這需要倚賴專業且操守完好的營繕組組長與組員。所以，本校建置了完善的營繕採購表單與相關制度流程之外，還有「技術規格審查制度」與「管考系統制度」進行追蹤與管理，「管考系統制度」**每個月由校長與副校長親自督導**，總務處內也必須每週進行所有工程的進度追蹤會議。另外，要使校園大小工程無縫接軌與快速完成，大型工程與小型修繕的搭配也非常重要。在小型修繕與中大型工程上必須有明確的分界，以避免權責的紛爭。將具有專業土木工程能力的營繕組專心負責新興與新建工程計劃，然後搭配具有機動性與彈性的事務組團

隊，隨時補足十萬元以下的平時營運與小型修繕，達到時效性與美感品味兼顧，校園才能時時有美麗的變化，讓師生「有感」是很重要的工作。本校營繕組業務量龐大，每年五百萬元以上的案件有數十件，中小型案件近十件，外加每年必須完成下年度的規劃設計作業，並編列審核後年的營建工程經費預算，年底還必須完成良好的經費付款執行率，誠屬不易。近年逐步調整整體工程興建系統的期程與每季管考重點，務必在每年十一月底完成核銷管控，獲得非常良好的成效。

(二) 服務確實與強化機動性的「事務組」

事務組是學校最辛苦的單位之一，尤其近年國家勞動政策浮動與制度朝令夕改，造成管理面很大的挑戰。事務組除了一些例行的勞工保險制度與勞工管理之外，學校設施的維護與整備是一大重要任務。近年對於提升學生共同教室的績效化工程，包括教室美化更新、E化教室軟硬體與教學設備的簡化精進、提升E化小組人員素質及人力等等工作，並朝向「即叫及即修可用」之優質行政服務邁進。每年共執行小型修繕近兩千件案件，包含各單位建築物的小型漏水、設施損壞、零件更換等更新維修。並啟動建立「維修服務滿意度調查表」，以加強各項修繕案件完成時效及品質查核制度，落實行政服務效能，達到高效率、高品質的目標。橫向工作推動事務組、資產經營管理組與營繕組三組「無縫接軌」的概念，逐步明確劃分界線與合作溝通，連結本校藝文場館空間規劃，進而才能建置「師大藝術特區」特色校園的學校發展目標。

（三）活化創新與強調經濟效益的「資產經營管理組」

資產經營管理組也配合事務組的小型修繕與部分營運介面進行合作，一方面增加場地收入來挹注校務基金，另一方面達到「資產活化創意好」的目的。本校每年場租、停車場收入與其他場地收入皆超過億元。透過將停車位積極的對外營運增加收入，將教學時間使用以外的場地與會議室對外營運，尋找並整理出閒置空間再利用，達到場地使用「極大化與多功化」的目標，可以充分使空間靈活使用。

資產經營管理組在近年具體完成將國有公用不動產活化，於一〇一年及一〇四年資產活化成果獲教育部推薦參選「強化國有財產管理及運用效益方案」活化運用組評比，分別獲得全國第二名及第四名。另外，校園活化採用多元創意，並善用區位優勢與社區結合，在校園空間有限下，仍積極清查可利用的空間辦理活化。另外，以提供教職員生附屬福利設施出租轉化為主要活化收益，兼顧服務師生與社區。同時將文化創意概念融入校園，靈活提供師生文創作品發表平台、珍視文化資產之保存及活化再利用等創新思維，每年新增多處場地活化，使收益逐年穩定成長。

同時，也積極爭取可發展校地，節省公帑逾新臺幣數十億元，透過公共設施用地容積移轉方式，取得臺師大林口校區旁「文大一用地」，近年已完成受贈土地產權移轉登記面積數萬坪，節省土地徵購費用近二十億。爭取臥龍街與建華語國際學舍，福州街十一號日式宿舍房地作為劉真紀念館等，並執行臺師大美術館營運ＯＴ案，徵求民間自行

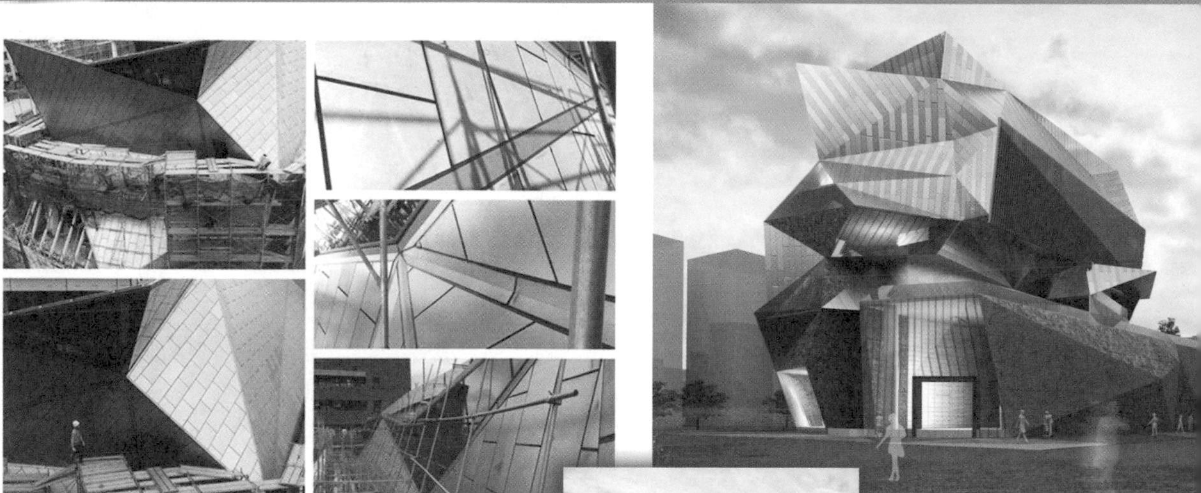

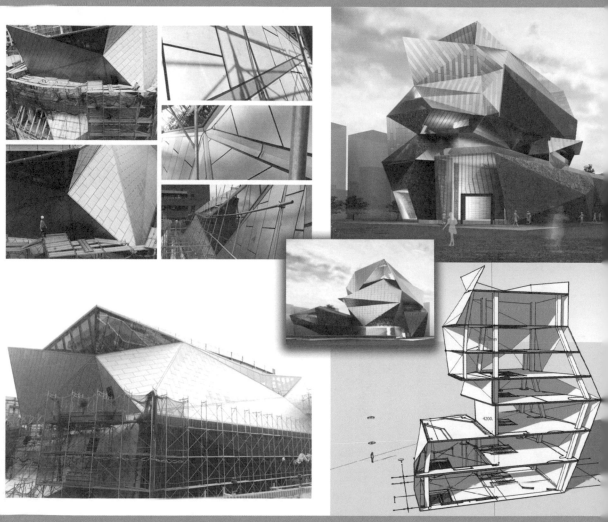

臺師大美術館於2018年完成並開始營運

規劃申請參與師大美術館整建營運移轉，引進民間資金與管理能力，設置專業經理人增加營運績效制，使專業團隊協助營運國際規模等級之「師大美術館」。最後，將許多校外零散老舊宿舍空間有效利用，將近三十餘筆小型土地於八年完成建置九成，校外資產活化同時參與社區營造，進而打造人文藝術與設計的文創基地。

在全校的財產管理上，為了方便管理並與時代並進，規劃設置了「國有公用財產盤點ＡＰＰ」，新增照相盤點功能，配合條碼讀取模組，可直接讀取財產資訊並顯示於ＡＰＰ上，盤點結果直接上傳，將相關問題紀錄直接上傳至主機。即時更新財產放置地點及保管人資料，可確實掌握財產盤點進度與結合空間資訊，落實資源有效利用。本校資產經營管理組為全校重要的績優單位，成果豐碩。

（四）強化時效性與系統性的「出納組」

出納組為全校資金流動進出的重要單位，近年積極推廣全校金流系統化實施，以簡化收付帳款作業程序，並強化時效性與風險性控管。為降低人為錯誤發生，亦不斷進行出納相關系統修正與建置，以逐步整備邁向資訊時代作業之規劃。目前已完成主要系統包含有「出納收付作業子系統」、「零用金管理作業系統」、「薪資系統」、「鐘點費系統」、「所得稅系統」、「所得稅申報暨公（勞）健保費扣繳證明系統」、「付款窗口請購案件登記系統」、「出納系統帳戶資料表製作」、「線上金流系統」等等。

另外，近年出納組亦建立許多相關作業機制，如：零用金管理作業規範、本校帳戶管理與使用原則、業務盤查與帳款催收機制、出納業務文件檔案保存與銷毀作業規定與流程等等，並積極與本校校務基金代理銀行（中信銀）協商外匯作業流程與手續費（含中間銀行等），為本校撙節經費支出，加速匯撥時程。

除此，為簡化校內各單位請購核銷文件遞送流程、提升經費核銷效能，出納組負責統籌「付款作業服務窗口」業務（單一服務窗口），由資產組、事務組及出納組派員聯合服務。另本校公館校區學生宿舍新建工程所需工程款，預定向金融機構辦理融資貸款新臺幣十五・六八億元，亦由出納組負責統籌規劃與執行。

因此，出納組除日常例行性業務外，近年亦不斷積極規劃與統整學校上下游系統整合，與各權責單位線上資料管理與審核等事務，以降低重複性行政成本、簡化作業程序並提高效率，為其目前首要規劃目標與任務，逐年改變公務機關既有的慣性與制度，挑戰極大。

（五）精實細緻與高效率的「採購組」

採購組是全校安全採購的最重要機構，是最重要的金流安全控管單位，人員編制是總務處最小單位。其核心策略是透過組員的兩兩配對配置，來強化組員相互的專業知能，使採購程序作業愈來愈簡單化，並能在「靈活適法」中協助各單位完成採購程序，進而提高全校採購的效率與安全。近八年完成建立本校採購標準作業流程、採購資料庫及採購文件數位化保存、本校科學技術研究發展採購制度及建立本校採購內部控制作業制度等。另外，也研究建構了「科學技術研究發展採購作業要點與權責劃分表」，協助建立科學技術研究發展採購標準作業流程及相關表件，以方便比較特殊的科研採購程序。

同時建立「完整的表單系統」之後，建立內控程序提升採購品質、強化採購申請作業、限制性招標作業、履約管理驗收作業等程序。在資料的管理部分，建立採購申請文件歷史檔案、強化採購數位化保存資料安全、輔助採購底價金額合理建議、提升採購資料系統利用效能、降低採購申請文件錯誤機率、簡化採購文件調卷檔案管理程序、採購內部控制作業制度、採購全生命週期內部控制等措施，務必使完成的採購表單有良好的系統化管理。本校採購組在全國的採購任務實施精確率與服務滿意度上，堪稱表現極為傑出。

（六）迅速及時與二十四小時服務的「駐警隊與安全監控室」

駐警隊與監控室是校園安全的核心，二十四小時的校園控管可以使得全校師生生活無憂慮，每年舉辦民防團教育訓練與消防演練活動。本單位策略核心在於「人流控管安全化」，近年從調整執勤人員的專業思維邁進，改變過去傳統的溝通態度，並全面盤點所有的安全防護ＳＯＰ程序與管理規章。透過全面無記名的隊員調查與意見分析程序，進行檢討整備安全設施與執行方針，使任務執行盡量達到確實與精確。由於國家整體員額的遇缺不補制度，為因應未來人事內控與外包營運方式的調整，需要逐年進行隊員編制的平衡上調整整體結構。另外，近八年學校在安全監控上，逐年投資上億元資金，強化安全監控設備，提高安全監控畫質與設施，使每年警政機構透過本校安全監控設備，完成的竊盜與偷窺等案件破案率大幅提高。

（七）生活安適與專業管理的「學生宿舍管理中心」

全國首創設置於總務處的學生宿舍管理中心，負責學生住宿之「租賃業務」。過去學生宿舍在學生事務處多年的細心營運之下，已使學生有很好的住宿與生活品質。近年，由於臺師大宿舍逐漸老舊，必須逐年進行多項宿舍整建及寢室修繕工程，才能提供更安全、舒適、綠能的住宿環境。同時，當前整體社會環境的改變已經不同於以往，生活在臺北市中心的學生自主性提高，也因此，學校建構了非常完善的「專責導師制度」與「專業輔導中心」。在學務處配套條件逐年完備的條件之下，宿舍進行整體觀念的大幅翻轉，宿舍的學生其實也是全校整體學生的一部份，為了避免學務處與宿舍重複設置「學校學生輔導」機制與編制，並能簡化跨處室的溝通程序，快速執行規劃三千床宿舍建設，簡化舊宿舍修繕與管理相關業務，因而在一〇六年度將宿舍管理業務轉移到總務處。在整體的執行上，也思考未來邁向無人或智能管理的宿舍模式，故逐年準備建構專業的宿舍管理機制與營運單位是有必要性的，當然過渡期是個非常艱辛的溝通過程。

執行面上，逐年強化宿舍管理人員的教育訓練真正提升服務品質，並推動學生宿舍「專款專用」的經費編制制度與觀念，使宿舍的營運具有成本概念，讓學生逐步接受「使用者付費」的時代趨勢，培育學生獨立與自主管理的生活教育構面。基於使用者付費的原則，宿舍管理中心每年舉辦「學生宿舍事務座談會」，經住宿生投票決定學校未來完成基礎修繕後，能在未來分三年平均調漲宿舍費用。

近年規劃實施的工程包括耐震補強工程、防水改善工程、電力改善工程、拉皮整建工程、宿舍門禁系統更新及消防系統管線設備更新等等。同時，簡化行政流程更新宿舍各項系統，包括完成學生住宿管理系統、學生住宿申請系統、宿舍修繕系統、宿舍郵務系統、宿舍巡檢系統等等，並規劃提升E化相關作業流程，減少紙本作業，推廣宿舍節能減碳績效保證工程。

另外，宿委會的輔導機制上，鼓勵住宿生實際參與學生宿舍管理，住宿生互相推派代表成立宿委會，協助處理學生宿舍相關事項，並維護宿舍整潔安寧及安全。同時策劃辦理宿舍活動，並代表該樓層同學出席宿舍例會，以反映住宿生意見及決議宿委會重要事項。也能協辦各項宿舍用電安全檢查、宿舍環境清潔檢查、宿舍清戶檢查、住宿生進、退宿工作、學生宿舍防災疏散演練活動等工作，落實學生參與共同事務。由於臺北市都會型學生的平時活動已經非常繁忙，再加上沈重的課業學習，逐步規劃降低過去辦理的許多課外活動，讓學校學生活動回歸到學務處與各系所，宿舍落實以「環境整備與精實專業管理」為主的宿舍管理營運中心。

校外閒置空地活化

校園美化工程

創新的核心在「人」，不是為了創新而創新

整體而言，臺師大總務處這八年營運的轉變非常大，人員與制度思維的調整，許多的創新觀念還在慢慢孕育之中。由於總務處是學校基本營運的安定單位，特別注意「不是為了創新而創新」，每項決策必須精準、快速與確實，更需要「小心謹慎的測試評估」與「快速的實施推展」，才能使創意不是一場災難，而成為真正提高效率與提升校園生活品質的創新決策。

教室優化設計

閒置空間活化應用

學校興建完成的工程

——堅持創新，始終愉悅的
學術頑童

臺師大研發長　吳朝榮

燠熱酷暑的午後，講台上中等身材、茂密灰髮的中年男子正侃侃而談，從口音不難辨識出南部囝仔的背景，雖非字正腔圓且偶有頓挫，台下聽眾卻反常的不見打瞌睡，甚至不時傳出哄堂笑聲。台上說話的人是個童心未泯的寶可夢玩家，是個妙語如珠的冷面笑匠，是個堅持「做尖泛科」並榮獲科技部「傑出研究獎」肯定的海洋學專家，也是國立臺灣師範大學的研發長——吳朝榮教授。如此落落長的介紹詞絲毫沒有誇大之意。正因為始終懷抱著赤子之心，樂於接受各種新的事物，總是以愉悅的心境面對生活與工作，這一份溫柔定靜的涵養，使得他的人生格外精彩。

與海結緣，人生如戲

吳朝榮戲稱「隨波逐流」、「行雲流水」、「做尖泛科」是他人生的三階段寫照。學齡前曾目睹表妹差點被退潮的海水捲入海中，幼小心靈中的強烈印記除了讓他敬畏海洋，卻也隱隱埋下一個疑問：「被海水沖走的人最終到了哪裡呢？」而這個問題竟成了他牽絆一生的課題。後來一路從大學到研究所、從臺灣飄洋過海到異地，隨著命運的波流漂入海洋研究的領域，更立志以電腦模擬追逐海流，這是他「隨波逐流」的人生階段。

在美國修習博士學位期間，面臨修業、研究、資格考與論文發表的沈重壓力，吳朝榮卻同時從新生兒的襁褓生活中體悟到人生的甘、苦、美，更加確信人生必定有嚴苛考驗，唯有愉悅的心境能創造美好回憶。回到臺灣後，這樣的體悟與自我修持也幫助他面對各項學術考驗，正如吳朝榮

與海結緣

研究室網頁首頁上的四個醒目大字，他期許自己無論做事或學術寫作都能做到「行雲流水」，而這四個字反著讀則是「水流運行」的諧音，卻是他所有研究的重心，也標誌著他回臺灣之後的人生階段。

接下來的人生階段，吳朝榮則堅持要「做尖泛科」——做尖端研究，並將科學知識泛及於大眾，落實於生活。然而一個人的能量有限，若能帶動整個學校一起「做尖泛科」，豈不更加快哉？於是當張國恩校長於二〇一三年提出邀請並擘劃願景，吳朝榮欣然接下了臺師大研發長一職。誠如某位學界長輩曾私下對他言道：「張校長找你當研發長，是一項冒險的事」，而臺師大是否真的踏上一段奇幻冒險的旅程？或許我們可由幾項事實觀察。

林安邦主秘致贈「行雲流水」墨寶

海納百川，做尖泛科

由於長期從事研究工作，吳朝榮深知建構一個合理友善的研究環境對教師而言是非常重要的事，所以他上任後的首要任務便是大幅修訂臺師大的各項研究獎補助辦法。例如為了留任及延攬國內外人才，臺師大開始實施彈性薪資方案，希望打破齊頭式平等的薪資制度，讓教師個人的學術表現可以在薪資上有相對的回饋，以此激勵臺師大教師提升研究水準，也提高臺師大的國際競爭力。同時，臺師大研發處亦陸續將各項獎勵業務資訊化，透過建置完善的各項獎勵補助申請系統，讓教師的申請程序更為簡捷方便，也提升了臺師大的行政效率。此外，積極鼓勵教研人員組成團隊執行整合型研究計畫、補助成立跨國頂尖研究中心、推動跨國合作等作為，亦逐步建立屬於臺師大的特色研究團隊。

服務傑出頒獎典禮

傑出研究獎頒獎典禮

另一項任務則是建置臺師大各項專責單位。像是成立「研究倫理委員會」及「研究倫理中心」，從實務面提升學術研究的品質，並落實對研究參與者的安全保障。又如設置「貴重儀器中心」，除了有效管理臺師大各項大型儀器設備，更著重於資源整合以達開放共享的目的。此外，為了將臺師大師生研究成果轉化為產學能量，陸續成立了「產學創新營運中心」及「育成控股有限公司」，並開設「創新、創意、創業三創學程」，務實地往「做尖泛科」目標邁進。尤其重要的是，臺師大研發處成立了「世界大學排名會議」之類的各項任務編組與「校務研究辦公室」，發展出一套校務研究支持決策系統，從現象描述到問題分析，善用數據資訊所提供的實證性，以最佳地落實專業化的校務行政管理，促使臺師大往國際頂尖大學邁進。

領航國際，標竿舵手

還有一項不可不提的任務，即完成了臺師大「第三週期系所評鑑」的艱鉅工程。吳朝榮將「系所評鑑」視為一項「工程」，而非僅僅是教育部或高教評鑑中心所交付的例行性工作，並且必須嵌合於臺師大的中、長程校務發展計畫，更是臺師大能否落實國際化願景、邁向世界一流大學的重要關鍵。於是在張國恩校長的主導與授權支持之下，臺師大研發處首開先例地將「一系所一標竿」的概念納入「第三週期系所評鑑」之中，長達四年的推動歷程，終於在二〇一七年四月順利完成。在「第三週期系所評鑑」期間，臺師大四十八個受評單位中有四十七個系所（高達百分之九十七・九）均與國際知名大學建立了標竿伙伴關係，藉由與來自美國、日本、新加坡、香港等全球頂尖

臺師大控股公司成立記者會

大學的交流互動，不但實質帶動臺師大各研究領域追求卓越與發展自我特色，更大大提升了臺師大的國際化程度。

特別值得一提的是，要完成上述創新任務勢必遭遇許多困難，吳朝榮始終以愉悅的心境來面對。例如在推動標竿評比的過程中，來自系所的質疑與抗拒聲浪不絕於耳，吳朝榮則選擇親自與各單位溝通，每場公聽會與座談會均親自主持並說明。曾有系所代表直接在會議現場表示「做不到啊！」、「可不可以不要辦理標竿評比？」吳朝榮卻斬釘截鐵地回道：「不行！」正當會場氣氛凝重之時，他以慧黠的笑容接著說：「因為貧賤（評鑑）不能移」，隨後而來的笑聲頓時化解了彼此的尷尬。正是這樣的愉悅定靜心境與持續溝通說明，最終能「成功」地完成任務。

李文華院士蒞校演講

碧波萬頃，戲如人生

吳朝榮對於「成功」有一番自己的見解：以愉悅的心境，踏實地完成眼前的任務；當累積了許多小小的「成功」之後，可能突然有一天，就成了別人眼中的「成就」。那麼自二〇一三年起，臺師大研發處在吳朝榮的愉悅帶領之下，已踏實地完成了許多任務，這些小小的「成功」是否已經累積成別人眼中的「成就」了呢？證諸臺師大近年來在QS世界大學排名的變化，從二〇一三年的四八五名逐步攀升到二〇一七年的二八九名，這將近兩百名的大幅躍升，或許已給了你我答案。對此，吳朝榮則不敢居功，並分享了一個小秘密：「每當研發處有員額出缺，校內沒有任何一位同仁願意申請轉任……」一語道出研發處工作之艱辛與繁重！正因為如此，他特別感念研發處同仁的任勞任怨與認真付出，陪他完成許多不可能的任務。

曾有學者以美國麻省理工學院（MIT）為對象進行研究並指出：「願景」與「領導力」是提升排名、維持世界級大學的關鍵要素（Rouse and Garcia，二〇〇四）。而前世界銀行高等教育部整合領導人Jamil Salmi則說的更直接：「邁向卓越沒有標準的路徑，大學校長領導能力與整體團隊效能的展現，才是使大學成為世界級一流大學的重要基石」（轉引自侯永琪、蔣仲霖，二〇一一）。透過理論與實務的接合，往往可以讓答案與原貌更為清晰；或許，正是張國恩校長的宏觀願景、吳朝榮研發長的愉悅領導、以及研發處工作團隊的效能展現，才能描繪出這一顆璀璨的Rising師大（Star）。

2013年聖誕節研發處合影

2017年校慶研發處合影

——在傳統優勢中力求突破創新，師培與就業雙軌並進

臺師大師資培育與就業
輔導處處長　劉美慧

接受校長聘書，承擔重責大任

在臺師大校園中，常會看見氣質優雅、有著明星光采的劉美慧教授不疾不徐地穿梭在行政大樓及教育學院之間，在會議中，她總是溫柔中又不失霸氣的果斷議決，展現效率。在日常生活裡，她滑雪、登玉山、單車環島、跑馬拉松，不斷自我挑戰。這就是柔中帶剛、充滿堅毅與耐力的劉美慧處長。

受國家栽培的公費生　投入師培回饋母校

一○三年二月休假研究期間，劉美慧接受張國恩校長的邀請，擔任師資培育與就業輔導處的處長，成為臺師大最年輕的一級行政主管。回顧當時的邀請，劉美慧說自己是臺師大的公費生，畢業後曾到中學服務兩年，再出國留學完成博士學位，感恩公費制度讓她如願成為教師，也體認師資培育的重要性，當接到張校長的邀請，即義不容辭地投入師培為母校服務。四年任內不畏艱鉅，積極推動多項創新師培政策，完成校務發展計劃中的「推動優質師資方案，培育前瞻師資」的目標。

臺師大是中等學校師資培育的重鎮，師資培育多元化之後，臺師大轉型為綜合型大學，但是師資培育仍是重要使命，且一直居於領導的地位，為力圖創新突破，劉美慧接任處長後，即積極思索如何透過制度的精進，培育更優質的師資，一方面強化師資生的競爭力，另一方面拓展師資生未來的教師路。

執行STAR^{2}計畫　培育閃耀之師

延續前任林陳涌處長任內規劃的「未來在等待的教師：前瞻師資培育計畫」，期許師資生在師資培育歷程中，涵養科學思辨、科技使用、美感體驗、休閒健康等素養，並培養教師應具備的學科知識、教學轉化、熱愛教育、反省增能等專業能力，成為「STAR^2－閃耀之師」，確定師培的發展藍圖。劉美慧接任後，即帶領師培處各組積極執行，透過師資生遴選、課程的創新、實習的重塑、在職的培訓與科技的支援等五個途徑，精進本校師資培育方案。

方案亮點包括大學部師培名額同額轉換到碩士，提升師資生的學歷，全國首創教師情境測驗，遴選優質適性的師資生。增設資優教育學程，培養學生的多元專長。辦理全國規模最大、最專業的師資生實務競賽，提供學生磨練教學實務的機會。設立全國唯一實習輔導教師認證制度，遴選優質教育實習機構，加強與中學的協同合作。發展初任教師培訓模式，促進教師專業發展。設立全國最多領域教學中心，實施培用合一計畫。首創師培行動學習ＡＰＰ、發展磨課師線上課程、建置全國規模最大的自造大師師培基地，強化科技融入教學的能力。劉美慧帶領處內同仁，逐一執行工作項目，而且強調品質與效率，經過四年的努力，終於看到培育的成效。

全臺走透透　積極爭取校外資源

公費制度是吸引優秀學生投入師培行列的關鍵因素，劉美慧上任後，極力突破疆界，積極開拓新戰場，帶領同仁逐一拜會各縣市政府教育局處，強力推銷本校的優質師培制度與師培生，爭取更多的公費生名額。劉美慧除鞏固本校原有的北部輔導區及離島各縣市，更成功獲得中部、南部與東部許多縣市指定培育公費生。一〇四學年度公費生名額大幅增加百分之一百三十二，創歷年新高；一〇五學年度公費生比例臺師大占全國比率百分之六十八，又較一〇四學年度增加百分之十，幾乎囊括所有開缺縣市的公費生名額。

教育部的卓越師資培育獎學金是另一個吸引優秀學生投入師培的重要計畫，需要撰寫培育與輔導計畫書，送教育部審查並評定成績，才能得到年度的補助員額。劉美慧非常重視此項計畫，在同仁完成初稿後，徹夜修改定稿，力求完美，每年都爭取到最多的卓獎生名額，而且逐年成長。劉美慧認為能為師資生創造機會，是最有價值與成就感的工作。

公費生與卓獎生每學期要通過層層考驗，才能維持公費或卓獎資格，應賦予其成為教師的榮譽感。劉美慧任內開始辦理公費生卓獎生畢業典禮暨學習成果展，特別邀請校長與副校長幫師資生撥穗，讓師資生知道學校對他們成為偏鄉優質教師的期待，也提醒師資生任重道遠、莫忘初衷。每年的典禮，公費生導師、師資生及其家人，幾乎全部到齊，共享榮耀時刻，劉美慧總因溫馨感人的場景感動流淚，流露出感性的一面。

師資培育國際化　擴大師培影響力

國際化是大學教育的必然趨勢，培養師資生的國際素養日益重要；又因少子化影響，國內教職市場供過於求，如何提升師資生的競爭力，是目前師培最大的挑戰。劉美慧結合本校豐沛的人力與國際化資源，並向校長爭取專門負責師培處國際化的人力，積極推動師資生國際化，增加師資生國外教育見習與教育實習機會。從與新加坡國立教育學院簽署交換師資生教學實習協議開始，逐步拓展到其他國家，截至一〇六年止，與本校簽署交換師資生教育實習之國家及學校包括新加坡國立教育學院、南洋初級學院、日本千葉大學、香港大學、加拿大英屬哥倫比亞大學、瑞典烏普薩拉大學、中國上海臺商子女學校、印尼雅加達臺灣學校、越南胡志明市臺灣學校、緬甸曼德勒孔教學校等，共九個國家、十所合作學校，每年約選送四十名優秀師資生赴海外實習；一〇七年增加與泰國的合作。透過與國外學校簽訂合作交流協議，建立雙方夥伴關係，經由師資生國外教育及文化體驗，以及在國外課堂上實際教學的歷練，從實踐與反思的歷程中，提升本校師資生專業教學知能及國際化深度與廣度，增加師資生國際行動力及競爭力。

本校教育政策與行政研究所研究生王慕羽很珍惜兩次海外教育見習的機會，他說：

在新加坡實習時，實習學校校長多次的互動與指導，形塑我在臺灣所學的專業知識更多的鷹架，將我的視野帶到更高的價值層面，並透過實務現場的參與，累積了知識與現場的對話。在印尼的經驗當中，校長與台商們都不斷地突破現有的刻板印象，鼓勵在臺灣的大學生要有勇於嘗試的精神，持續探索，才能深入現象背後的脈絡，並為臺灣創造確實而可行的未來改變。

全球化時代讓跨界流動日趨頻繁，既然國內教職市場供過於求，到國內或海外的國際學校任教，也是開創師資生就業的路徑之一。劉美慧認為本校師資生學科與教育專業很強，只要再加強對國際課程與教學方法的掌握，就有機會將師資輸出，擴大國際影響力。因此，劉美慧結合師培處與相關系所，推動師培課程國際認證。於二〇一八年一月獲得國際文憑組織（International Baccalaureate，簡稱ＩＢ）認證通過，成為臺灣第一所國際文憑教師證照的師培機構。本次通

海外教育見習與實習倍速成長

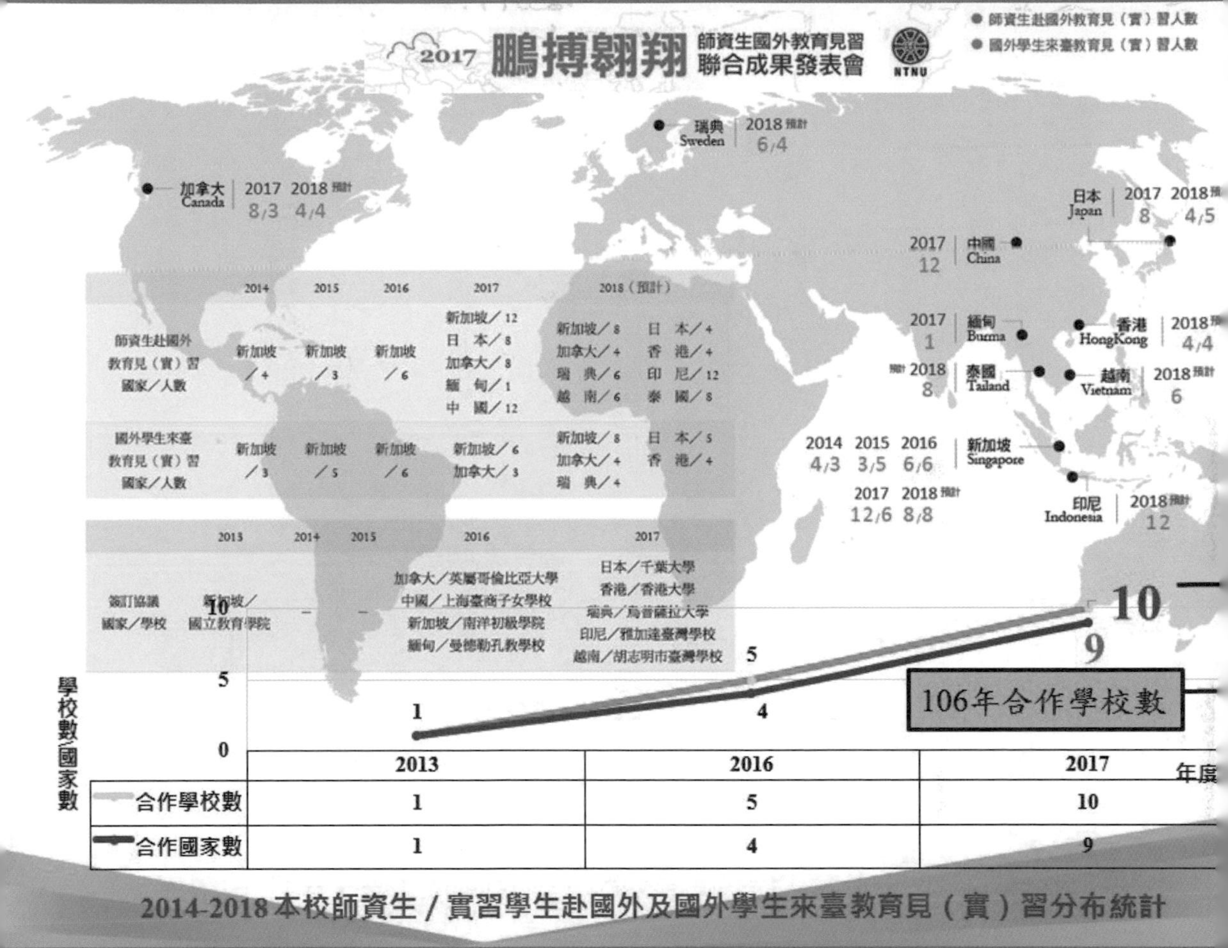
2017 鵬搏翱翔 師資生國外教育見習 聯合成果發表會
NTNU
師資生赴國外教育見（實）習人數
國外學生來臺教育見（實）習人數
瑞典 Sweden 2018 預計 6/4
加拿大 Canada 2017 2018 預計 8/3 4/4
日本 Japan 2017 2018 預 8 4/5
2017 中國 China 12
2017 緬甸 Burma 1
香港 HongKong 2018 預 4/4
預計 2018 泰國 Tailand 8
越南 Vietnam 2018 預計 6
2014 2015 2016 4/3 3/5 6/6 新加坡 Singapore
2017 2018 預計 12/6 8/8
印尼 Indonesia 2018 預計 12
2014 2015 2016 2017 2018（預計）
師資生赴國外教育見（實）習國家／人數
新加坡／4 新加坡／3 新加坡／6
新加坡／12 日本／8 加拿大／8 緬甸／1 中國／12
新加坡／8 加拿大／4 瑞典／6 越南／6 日本／4 香港／4 印尼／12 泰國／8
國外學生來臺教育見（實）習國家／人數
新加坡／3 新加坡／5 新加坡／6
新加坡／6 加拿大／3
新加坡／8 加拿大／4 瑞典／4 日本／5 香港／4
2013 2014 2015 2016 2017
簽訂協議國家／學校
新加坡／國立教育學院
加拿大／英屬哥倫比亞大學 中國／上海臺商子女學校 新加坡／南洋初級學院 緬甸／曼德勒孔教學校
日本／千葉大學 香港／香港大學 瑞典／烏普薩拉大學 印尼／雅加達臺灣學校 越南／胡志明市臺灣學校
106年合作學校數
學校數/國家數
年度
2013 2016 2017
合作學校數 1 5 10
合作國家數 1 4 9
2014-2018本校師資生／實習學生赴國外及國外學生來臺教育見（實）習分布統計

海外曲線圖

臺師大獲認證成為臺灣第一所國際文憑師資培育機構

過「國際教育」及「華語文教育」二項國際教師學程認證，前者是亞洲第一個獲得ＩＢ認證的國際教育學程，後者是以華語為授課語言的大學第一個獲得認證的學程。臺師大的師資生修畢學程後，可以取得國際教師證照，強化國際教育思維及以英語授課的能力，未來可在全球五千多所ＩＢ學校擔任教師，具備國際競爭力。也讓本校師培與國際接軌，深耕國際教育市場。

成立師資培育學院　邁向新里程碑

當前臺灣的高等教育有研究重於教學的現象，評鑑與升等制度較重視研究產出。師培教授側重教學實務與學生輔導，系所願意投入師資培育的教師逐年減少。張國恩校長非常關心本校師資培育的領導地位，提出成立師資培育學院的構想，讓本校的師培教授更專注於教學與輔導的專業發展。為了達成這項創舉，劉美慧帶領處內同仁，從法規制訂、組織調整、教師聘任、計畫申請等，逐一完成，於一〇六年八月一日正式成立師資培育學院，是臺灣第一個專業師資培育的學院。

師資培育學院打破教育專業課程與專門課程師資壁壘分明的情形，將擔任各科教材教法與教學實習等課程的師培教師納入師培學院，透過跨領域教師社群的研發，共同學習與成長。師資培育學院的成立，除強化師資培育課程的內涵與教學實踐外，更提供本校師培教授專業的組織歸屬，並透過符合師培任務的教師評鑑制度，使師培教授能專心致力於師培的專業發展，為養成新世代的良師而努力。

前瞻
國立臺灣師範大學
NATIONAL TAIWAN NORMAL UNIVERSITY
師資培育學院　掛牌典
College of Teacher Education, NTNU

NTNU
師資培育學院
College of Teacher Education

全國首創師資培育學院

加強與企業連結，開拓學生就業機會

提升組織層級　重新詮釋就業輔導

劉美慧常說：「師培處長要兩面做人，到師培相關單位爭取資源時，要凸顯臺師大師培的強項，強調臺師大學生想當教師的意願；但是面對企業界時，則要隱藏師培專長，強調臺師大的多元特色。」這顯示師資培育與就業輔導這兩項重要的工作由同一單位執行的困境。為解決這難題，學校決定提高就業輔導組的層級，於一〇四年二月一日將隸屬於本處的就業輔導組升格為「就業輔導中心」，並聘請具有業界多年經驗的資深經理人擔任執行長，挹注更多的人力與資源，全面提升學生的就業競爭力。

就輔中心將就業輔導擴大為職涯發展的概念，從職涯導航、職能養成、職涯活動到就業追蹤等不同階段，建立一套輔導機制，讓學生從大一開始培養職涯意識，一直輔導到進入職場。針對系所部分，則提供經費補助，鼓勵系所與企業連結，包括企業參訪、職涯銜接講座、延攬產業師資協同教學、職場實習、海外實習、創業圓夢計畫等。劉美慧任內力推動系所開設職場實習課程，與企業接軌，目前全校已有將近七成的系所開設實習課程。

校長與副校長期勉公費生與卓獎生任重道遠莫忘初衷

加強媒體曝光　打破業界刻板印象

臺師大已經轉型為綜合大學多年，但是企業界常誤以為臺師大只培養師資。如何行銷學生的特色，突破業界的刻板印象，成為就輔中心最重要的工作。就輔中心秉持「以行銷思維，為學生尋找就業舞台；以人資觀點，與企業建立合作關係」的理念，積極建立與企業之間的夥伴關係，翻轉外界對臺師大的傳統印象。近年鴻海集團、大立光電、億光電子、昇陽半導體、永豐餘集團、聯合報系等知名企業，紛紛與本校建立合作關係，陸續至本校辦理徵才活動。有些企業更與本校簽訂合作策略聯盟意向書，提供臺師大企業公費生，全額補助學雜費與生活費，畢業後分發至企業服務。

劉美慧深知媒體行銷的重要性，辦理「師大職場實習 企業刮目相看」成果發表會，成功獲得多家媒體的報導，增進臺師大在業界的曝光率。而本校在企業最愛大學的評比中，排名逐年提升。為了解畢業生的就業情形，本校每年進行畢業生流向調查，近幾年的待業率從過去的百分之十大幅降至百分之三左右，顯示本校的就業輔導機制已經發揮成效。

實踐柔性領導　透過人的溫度培養凝聚力

劉美慧非常重視組織的績效，而且賞罰分明，對於表現優異的同仁，一定積極爭取晉升及獎勵的機會。劉美慧也非常重視組織的向心力，每年舉辦多項內部活動，凝聚同仁向心力。每年全處參加運動會的大隊接力與趣味競賽，看到參賽者積極為處爭取榮耀，加油團聲嘶力竭的鼓舞，真的非常令人感動。在各處室高手雲集的臺師大，師培處以小搏大，能連續兩年獲得全校大隊接力前三名與趣味競賽第一名，相當不容易。師培處一位同仁有感而發：「劉美慧凝聚全處同仁的情感，讓我們跨越組與組之間的鴻溝，讓我們更有活力，這種感覺真好！」

劉美慧的學術專長是教育，在遇到學生意見反映時，她總是說，把學生找來當面談，問問學生遇到什麼困難，並要同仁儘可能站在學生的立場思考，適時伸出雙手，溫暖學生，解決問題。有一位立志當老師的研究生，參加兩次教程甄試未獲錄取，非常沮喪，也對教程甄選方式有微詞。他寫信跟處長提出教程考試不能測出教師熱情的問題。劉美慧在第一時間將學生找來詳談，瞭解學生的想法，之後整體評估，調整教程考試科目並納入面試，雖然因此增加許多人力，但劉美慧認為只要建議合理，適度的改變是必要的。這位學生後來知道教程甄選制度的改變，非常感動劉美慧重視學生的意見。

「教育是成己成人的志業」，這份看似簡單卻是不輕鬆的志業，尤其當環境的變動讓我們必須面對嚴峻的挑戰，劉美慧勇於承擔責任，戮力開拓本校學子未來的就業之路，讓教育的影響力從點到線的連結，進一步擴展至面的延伸。十年樹木，百年樹人，無論是從教學單位及轉換到行政單位，總是能在劉美慧的身上感受到對教育未來的希望。

1 透過媒體宣傳臺師大學生的優勢

2 參加學校運動會年年獲大隊接力與趣味競賽獎項

3 透過團隊活動，強化組織凝聚力

——奉行學習與溝通，
勇於挑戰

臺師大國際事務處處長
游光昭

臺師大國際事務處處長游光昭教授

有著濃厚的學者氣質，配上高挑挺拔的身形，總是贏得國際外賓對臺灣師大美好的第一印象，他就是臺師大國際化的重要推手——國際事務處處長游光昭教授。

游光昭畢業於臺灣師大工業教育系，於美國威斯康辛大學及維吉尼亞理工大學分別取得碩士及博士學位後，於一九九一年加入臺師大的教育行列，並先後擔任科技應用與人力資源發展學系系主任、師資培育與就業輔導處處長、科技與工程學院院長，以及現任國際事務處處長等行政工作。

從青澀到成熟——行政職務的歷練是成長的養分

游光昭的行政之路充滿了學習和感恩。他認為行政工作就是一種學習歷程，他是以學習的心態去處理行政工作，學習面對問題、解決問題。

二〇一〇年初，系主任任期尚有半年才屆滿，張國恩校長即邀請他同時出任師資培育與就業輔導處處長，這對行政歷練還很青澀的他來說，是個很具挑戰性的嘗試。當時游光昭所面對的問題是臺師大正在轉型，因為師培生人數減少、師資市場需求量少，而非師培生則面臨就業方向不明的困擾。當時，張校長定錨了大方向：加強師培生的教育理念與教學實力，並力求教師碩士化，以提高師資的程度；積極輔導非師培生，建立就業輔導系統、提供豐富的就業資訊和多元的實習管道；追蹤畢業生就業做為提供系所調整或改變課程，以培育非師培生的未來競爭力與就業力。

面對這些新任務的挑戰，若沒有以學習的心態及解決問題的策略，很容易陷入頭痛醫頭，腳痛醫腳的方式。在張校長充分授權下，游光昭循序擬定許多的策略，和師培處同仁以整體性思維來規劃各種配合及獎勵措施。並在繼任的林陳涌處長及劉美慧處長的協力下，臺師大在師資培育的制度規劃及教育規模上，現今仍遙遙領先國內其他師培大學，而且師培生的就業情形也令人滿意。

體認良好的溝通是推展行政的重要利器

二〇一三年就任科技學院院長，游光昭深刻體認院長最重要的角色即是溝通，換言之，要努力將學校政策對全院的教授做有效且完整的溝通，使政策能夠順利推動。當時，校務會議即已決議科技學院要涵蓋工程領域並更換適當名稱。但要已成立十六年的科技學院更名，並非易事。依據校內政策規劃，臺師大既是一個頂尖大學，強化工程領域的系所是很重要的任務，且如能納入科技學院，定能發展出具有技術特色的工程教育。但是院校系所各有想法，且有不同的意見。游光昭因認同張校長宏遠規劃的理念，所以積極扮演溝通的橋樑，協助校長和教授們溝通理念，並重新組織課程、定位學院、最後順利的完成任務，將科技學院更名為科技與工程學院。之後，在全院教授的合作下，科技與工程學院成為學術研究的優質學院，並得到校長的肯定，建設經費與大項研究設備都能得到充分的支持。

樂於擔任組織重整的推手

在擔任院長前，游光昭其實已經處理過幾項「更名」大事。擔任系主任時，工業科技教育系更名為「科技應用與人力資源發展學系」；擔任師培處處長時，師資培育處重組為「師資培育與就業輔導處」，不管是重新更名或重新定位，游光昭總能以學習的心及充分溝通來推動組織的重整。有位科技應用與人力資源發展學系的同仁中肯指出，游光昭不僅能夠有效率的完成常規的行政工作，且能依據學校發展的需求，適時提出創新或改善的方法，讓事情更有效率與創新。

突破自己、再任推手，瞄準國際競爭力

二〇一六年八月，甫卸下院長一職，游光昭即被校長徵召為國際事務處處長。接任之前，他其實有不小的心理掙扎：自己合適這個工作嗎？一向是個內斂含蓄又不喜歡社交的人，以前的工作大部分是協調和溝通，現在要做一個「行銷、宣揚」臺師大的國際事務工作，會不會心有餘而力不足呢？最後，游光昭還是決定用學習的心態，勇敢接受這原本想都不會想到的新工作。張校長仍是一本充分授權的領導風格，加上游光昭對自己角色的認知及心態的成長，因此能從容不迫且愉快地去迎接新挑戰。

在前任印永翔處長及前幾任處長的努力經營下，國際處已擁有一定的規模，游光昭深切體會臺師大面臨國際競爭的迫切性、要在國際上有競爭力，學生必須具有國際移動力。為營造國際移動風

臺師大科技與工程學院揭牌典禮

臺師大參與臺灣大學聯盟合辦論壇

氣，臺師大推動一系所一交換，提升學生國際移動力，增進課程國際化、強化全球招生；並攜手全球頂尖名校，開發校級區域重點學校，深化雙向學生交換、教師國際講學機制。除此之外，也積極與國際頂尖名校合作開辦國際學位學程，與世界全面接軌。

為了發展國際化校園環境，促進外籍生與本地生交流，臺師大創造國際學習生活空間，改善校園各方面軟硬體設施，推動全校網頁雙語化，舉辦境外與本地學生的交流活動，營造國際化校園空間與氛圍。強化學生社團，促進境外生與本地生共同經營社團；設計國際家族認養制度，結合本校師生與境外生共同體驗生活，深化學習效果，使臺師大具備吸引境外生之優勢。

為提昇臺師大的國際能見度，即便平日公務繁忙，游光昭仍不辭辛苦，走訪世界各地的名校，進行參訪活動及洽談學術合作。為拓展師生的國際視野，提升學術專業素養，他積極與海外知名大學建立合作關係、締結姊妹校，促進本校師生參與國際學術合作交流活動，創造國際化的學習環境。二〇一六年，臺師大與十三國二十八所學校新（續）簽學術交流合作協議，至二〇一七年八月底止，已與三一三所全球各地高等教育機構締結姊妹校，遍及五大洲四十國，打造臺師大遍佈全球的國際化網絡。

一路走來盡是學習與感恩

用學習的心態面對問題，就會發現收穫最多的其實是自己。游光昭回顧這些年的行政工作，雖然辛苦但收穫豐碩。學習突破自己的個性與思維，用開放的胸襟而不自我設限；聆聽別人、雙向溝通，很多事情就會迎刃而解、圓滿達成。他承認行政工作的壓力有時是很大的，但學會調適壓力也是他另一個重要的成長。

近身張校長，游光昭認為他學到很多，佩服校長的卓越遠見與魄力，精確的帶領臺師大更加成長壯大；並感謝張校長的充分信任與全力支援，讓他能大步開走、愉快發揮。在此特別感謝一路走來協助他完成每一項工作的同仁們，這真是一段大家同心齊力，共同創新臺師大的美好時光！

臺師大參與海外高教展成果豐碩

臺師大積極拓展與國外著名大學學術合作

——實踐數位人文的真人書

臺師大圖書館館長
柯皓仁

雖然在國中時期因為沉迷電玩而小小誤入歧途，柯皓仁館長的求學生涯大抵順遂。他一路在國立交通大學資訊科學系從學士班、碩士班，一年後直攻博士班，更是該系的第一位博士。服完兵役後，又回到交大的計算機中心、圖書館任職。柯皓仁回憶當時的他可以說是個「書呆子」，也許是職場上的各種歷練，讓他轉化成現在較為圓融、與人為善的個性。

一個資訊人，如何和圖書館結緣？柯皓仁提到在一九九六年左右，因為交大規劃推動數位圖書館，時任計算機中心主任和圖書館館長的張瑞川教授便指派他建置Elsevier和Web of Science等電子期刊和資料庫的臺灣鏡像站，讓當時國際網路連線仍不快速的臺灣學術界得以享受到和歐美同品質的數位圖書館。之後，兩人更合力建置「全國館際合作系統」（即「全國文獻傳遞服務系統」的前身），這兩項重要的貢獻讓兩人分別獲得中華民國圖書館學會的特殊貢獻獎。進一步讓他在圖書館界發光發熱的，則是楊維邦教授，楊教授擔任交大圖書館館長時給予他充分的信任和在圖書館揮灑的舞臺，兩人並合作參與「數位典藏國家型科技計畫」。提起這兩位恩師，柯皓仁至今仍有無盡的感謝。

原本以為這一輩子就會在交大終老了，誰知二〇〇九年臺師大圖書資訊學研究所增聘師資，考量到相對於行政單位，在學術單位任職對一位學者來說畢竟是比較具有發展性，柯皓仁因此毅然決然轉任到臺師大圖書資訊學研究所。柯皓仁笑稱，原本以為可以暫時卸下行政職務，專心研究，誰知沒多久就陸續擔任圖書館副館長、圖書資訊學研究所所長等職。雖然轉到臺師大工作，但顧家的他，還是幾乎每日搭高鐵上班，成為名副其實的高鐵通勤族。

和張國恩校長結緣的時間說來是在張校長擔任臺師大圖書館館長的期間，那時幾位資訊專長的大學圖書館館長、副館長間偶爾聚會聯誼，討論數位圖書館事宜。因此當二〇一三年六月張校長打電話給柯皓仁邀請擔任圖書館館長時，柯皓仁一口就答應了。柯皓仁認為有位前任館長擔任校長是件幸福的事，因為張校長總是給予圖書館絕對的支持，但相對之下也頗具挑戰，因為館務運作得好不好，校長也是一眼就看穿。

穩中求變，帶領圖書館前行

柯皓仁認為臺師大圖書館在臺灣的大學圖書館界有其一席之地乃是由歷任館長逐步奠定的基礎，而他所做的是在這些基礎上穩定中求成長。雖說如此，他還是細數幾項這幾年來臺師大圖書館的重要發展，包含了：（一）深化學科服務；（二）領導「全國學術電子書暨資料庫聯盟」；（三）完成圖書館燈光節能改善工程；（四）改造圖書館校史展示區；（五）健全出版制度，成立出版委員會與學門編輯委員會，訂定本校出版品管理辦法；（六）重修校史與出版師大七十回顧叢書；（七）訂定電子資源續訂評估準則；（八）徵集校史資料，主辦臺北高校九十五周年特展等校史特展活動；（九）推動臺師大閱讀節；（十）籌建第三書庫。

柯皓仁指出和傳統圖書館不同，臺師大圖書館正逐漸成為ＬＡＭＰ，亦即集圖書館（Library）、檔案館（Archive）、博物館（Museum）、出版社（Publisher）於一身。圖書館肩負了校史檔案的徵集典藏、特展辦理、研究出版、教育推廣；圖書館一樓大廳是極佳的藝文展覽場地，每年都安排了二十幾檔各類型藝文展覽活動，引介不同型態展品，美化閱覽環境，增進讀者藝術涵養；圖書館的出版中心則是臺師大的大學出版社（University Press），負責學術出版、文創商品開發，並管理市定古蹟文薈廳，提供師生多元的空間使用體驗。

任務編組，打造變形蟲組織

圖書館是成長的有機體，然而在固有的組織架構下，發展新興業務有其困難。有鑑於此，柯皓仁二〇一六年起在圖書館內組成跨組任務編組。柯皓仁說：「任務編組一來可以建立跨組橫向聯繫，二來能夠像變形蟲一般彈性推動新興業務。」到目前為止圖書館共有四個任務編組，包含：（一）學科服務小組、（二）空間改造小組、（三）大數據與績效評估小組、（四）館員下午茶小組。

柯皓仁指出，學科服務對大學圖書館來說是很重要的任務，這項任務過去都是由推廣服務組負責，一位學科館員可能要負責五至六個系所，再加上原本既有的工作，所以在服務上較無法深入。柯皓仁從各組挑選具有（或即將取得）碩博士學位的同仁加入，打造了一個二十餘人的學科服務團隊，提供多元和深入的學科服務，除了常規的參考諮詢、系所聯繫、主題館藏建置，學科館員還提供系所圖書館利用指導講習與導覽、支援師生教學研究與學習需求支援、建置學科主題網站等。

1 2017年4月臺北高校95周年特展開幕

2 深化學科服務之學科講習

3 2014年6月梁實秋故居文物展示開幕

2016年「臺師大閱讀節」系列活動之一圖書採購節

此外，還透過建置開放學者平台、分析系所學術產能，協助提升本校研究成果的可見度和影響力。二〇一七年，圖書館更與教務處、教育學院、理學院合作，在「大學入門」課程與系所教師合作規劃圖書館利用教學，以及辦理自主讀書會、英語讀書會。柯皓仁希望圖書館能夠化被動為主動，成為師生教學、學習、研究的夥伴，讓校內師生看到圖書館的價值。

提倡閱讀，啟動臺師大閱讀節

從小喜歡閱讀的柯皓仁，深信閱讀可以帶來生命的啟發與轉變。他知道臺灣民眾在中學和高中期間的閱讀質量是偏低的，在升學壓力之下，中學生和高中生往往僅注重教科書的閱讀，沒能培養閱讀興趣。到了大學之後，就很難再重拾閱讀。他總是以自身的經驗來勉勵家長們，小孩子看閒書絕對不是壞事。「記得在中學時，雖然從小有閱讀的興趣，但父母免不了還是因為高中聯考而希望我少看閒書。那時候我買的《金庸作品集》都還得偷偷藏在床下……直到放榜那一天，我很神氣地把整套書都端了出來，讓它們重見光明，好像在宣示，看小說的孩子還是可以考上第一志願的。」

柯皓仁認為大學圖書館的主要任務除了提供資訊資源和服務以支持教學與研究之外，更應致力於型塑閱讀文化，培養師生終身閱讀習慣。基於這個理念，「臺師大閱讀節」應運而生。他說，圖書館在每年四、十二月響應世界書香日、臺灣圖書館週、臺灣閱讀節，推出一個月左右的閱讀活動，每次都會訂定不同的主題，例如追尋我的烏托邦、閱讀運動會、數學科普閱讀、推理閱讀等。在閱讀活動方面則整合紙本圖書、電子書、視聽影片等多種媒體資源的館藏，提供兼具深度與廣度的閱讀，除了經由館藏主題推薦、書展、影展、以及專家學者導讀方式使讀者深入瞭解主題資源的內容外，更透過臉書社群推廣功能讓讀者推薦給認識的親朋好友，最後經由圖書館編輯的主題網頁指引持續推展主題閱讀。圖書館同仁們還發想將時下流行超商集點換贈品的概念用在活動推廣，透過遊戲闖關集點的方式作為鼓勵讀者參與活動的手段。幾年下來，參加「臺師大閱讀節」的師生人數都有所成長，也在校內外打響了「臺師大閱讀節」的名號。

空間改造，釋放圖書館場域

空間改造是柯皓仁認為圖書館還可以繼續努力的方向。在他上任的第一年，圖書館和總務處就共同執行「圖書館燈光節能改善工程」，規劃將圖書館的燈光全部換成ＬＥＤ。本來只是打算換ＬＥＤ燈的，但由於圖書館是個三十年的老建築，原本的天花板是石綿材質，又沒有防焰防燃，所

以又追加規劃把天花板全部換新。柯皓仁說：「穿著西裝改西裝是最辛苦的。因為圖書館還要提供給讀者使用，勢必無法閉館施工，所以就得一層一層樓地處理。即使圖書館和總務處都用心規劃了，但實際施工上還是遇到重重困難，導致節能工程進行了一年多才算完成。現在回想，真是一場夢魘。但是，我覺得人生就是這樣，遇到困難，就咬著牙想辦法解決！儘管如此，完工後圖書館的燈光氛圍還真是令人讚嘆呀。」

圖書館一樓大廳的校史展示區則是另一個空間改造的亮點。原本的校史展示區以靜態的燈箱、看板為主，不利於動態資料的更新與展示。搭配臺師大七十周年校慶，圖書館採用了小而美的方式，挑選最重要的主題展現，並配合多媒體科技來豐富展示內容。

圖書館挑高、中空的建築體使得可以利用的空間遭到限縮，柯皓仁表示雖然每位參訪的來賓都驚

1 | 2
3

1 空間改造後的圖書館公館分館

2 空間與燈光改造後的圖書館林口分館

3 圖書館一樓校史展示區

2016年全校運動會

嘆圖書館空間的壯麗，但實則空間利用率不佳，再加上圖書館藏書眾多，相形之下讀者的利用空間有限。他指出圖書館在二〇一七年啟動了第三書庫計畫，希望將利用率較低、年代久遠的館藏移往第三書庫，將圖書館空間釋出給讀者。同時，圖書館針對二樓、四樓的空間作小幅更新，包含設置輕聲討論區、戶外討論區，並將部分研究小間改造為團體討論室。關於圖書館的空間還有許多構想在規劃中，希望將來的圖書館會是融合閱讀、學習、創意、休閒等元素在內的第三場域（third place），讓讀者不在家（宿舍）裡、教室（實驗室）裡，就是在圖書館。

平易近人，營造和諧組織

認識柯皓仁的都知道，他是一個平易近

2017年圖書館同仁大板根登山烤肉自強活動

人，不擺架子的人。他笑說，「這種個性大概一輩子都改不了囉！但不要看我外表好像都一派輕鬆，實則那是因為暗地裡下了很多工夫。而且，我很容易緊張。」圖書館八樓館長室，也常傳出他爽朗的笑聲，「有時候一樓流通櫃台還會打電話上來說，館長笑太大聲了，讀者會抗議。所以我得盡量克制。」他認為，圖書館是一個大組織，有時候舌頭和牙齒都會打架了，大家應該要學習放大別人的優點，不要一直拿著別人的缺點做文章。只有在組織氣氛和諧之下，整個組織才有辦法齊心向前衝。

柯皓仁也很重視同仁的紓壓，每季辦理一次的館員下午茶活動，主題涵蓋手作、經絡按摩教學、電影欣賞、料理分享、二手物交換、登山烤肉等活動。柯皓仁認為，因為平常同仁各司其職，不見得有太多機會互動，藉由隨興自在的跨組互動與交流，可以增進同事情誼、紓解工作壓力，甚至促進在館務上的分工合作。

數位、人文交融，創造人生價值

回想二十多年來的職涯，柯皓仁很慶幸從資訊科技換軌到圖書館，「我所學的資訊科學或計算機工程是應用科學，需要一個場域來實踐，而圖書館就是一個極佳的場域。」現任中華民國圖書館學會理事長的柯皓仁戲稱他沒有理想性、也沒有高瞻遠矚，只是不知道怎麼回事，當了館長和理事長，就好像磁鐵一樣，把大大小小的事吸過來。玩笑歸玩笑，柯皓仁認為這一切都因為他比較Open Mind，不排斥多做事，也願意為圖書館事業盡一己之力。

人文為體，數位科技為用，彼此交融、激盪，造就了柯皓仁在臺灣圖書館界的影響力，在未來，柯皓仁將持續秉持「為國為民、俠之大者」（語出金庸《射鵰英雄傳》）的精神，持續為臺師大、臺灣圖書館界犧牲奉獻。

校史叢書影片發表暨展示開幕典禮

與學科服務團隊合影

——那些年，我們一起
走過……

臺師大資訊中心主任
簡培修

那一年，學習數位化、通話網路化

對資中而言，二〇〇九年是個忙碌年。那一年，一方面持續忙著把師生的各種教學資料，從原本需要每年支付龐大授權費的數位學習平台—Blackboard，利用暑期移轉至開放原始碼的數位學習平台——Moodle，率先於全國大專院校成功建立了免費且自行管理維護的數位學習平台；另一方面還要肩負一個重要使命的成敗——推動全校電話全面網路化。前者涉及要設法「突破」商業軟體平台取得不易的資料結構，再經適當欄位拆解後，將教材重新放入新的平台中，並且同時要開發相關的介接程式，與既有的校務行政系統結合，讓選課資料能夠同步更新；後者則是要全面性的以網路作為電話語音的傳輸媒介，以取代傳統各單位自行建置的數位式語音交換機，從現今的角度看起來似乎是再自然不過，但是對於較晚進入師大服務的同仁而言，如果告訴您，從本部打電話給分部的同仁還需要付費（給中華電信），大概很難想像吧？兩項大任務的難度在於如何「無縫接軌」地平順移轉，盡量讓用戶轉換過程「無感」，並降低用戶適應時間。所幸，兩者均順利完成，不僅保持良好運作效能，且為學校每年節省兩三百萬元的授權費及通話費。

一張卡，校園智慧化、服務多元化

同年夏天，就在蟬聲綿綿的盛暑，眼看著學生們都早早打包回家放假的時候，另一群人還努力

2009年校園 e卡應用成果展－臺師大校園 e卡服務啟用典禮

地在評估RFID應用。RFID是什麼？就是「無線射頻識別」。更糊塗了？講悠遊卡大家就知道了，不過在那個有很多人認為用磁鐵可以幫悠遊卡「消磁」的年代（其實現在也還有），知道的人還真的不多。難道換成悠遊卡只是用來搭公車、捷運？當然不是如此單純！既然這張卡具有身份識別的功能，就應該充分發揮它的效用，所以，資中開始著手規劃以悠遊卡作為校園卡，取代舊式學生證與教職員證紙卡的業務，同時還需要思考校園卡未來各種可能的應用，並評估需要投入的開發人力與經費。

就在絞盡腦汁加上焦頭爛額中，此時竟意外得到了一個好消息，經濟部計畫推動「RFID加值應用旗艦示範計畫」，對象正是全國各大專院校！而且必須是對RFID識別及小額消費等應用，能提出創造優質便利校園生活願景的學校，這無疑給了評估團隊一針最大的強心劑。立馬向主任報告，啊！忘了先介紹主任，就是現任副校長的吳正己主任啦！經過多次的會議討論，吳正己主任確立了未來智慧化校園E卡的大方向，並擬訂了實施步驟後，帶著膽怯的心情，隨著吳正己主任向張國恩校長（時任副校長）面稟，闡明想藉助經濟部的計畫費用，幫助臺師大邁出智慧校園的第一步。當場獲得張校長肯定且允諾全力支持，並立即啟動了跨單位的協調，協調教務處、總務處、主計室、出納等單位一起動起來。經過了數次大大小小的協調會議、由上至下的同心合作，加上張校長積極協調至立法院備詢時間，親自帶領團隊出席審查委員會，在整個答詢過程中充分展現臺師大推動智慧卡的決心，搏得審查委員的支持，順利爭取到兩百五十萬元的經費。於是，二〇〇九年，在張校長的領導下建立了「師大校務智慧化發展元年」的歷史時刻。開啟了臺師大首台Kiosk

校園資訊站應用、各類門禁管理應用、儲值列印及付費應用、電腦教室自由上機選位，以及後來的停車場停車優惠等，各項校園E卡通相關的所有周邊建設等發展……。

資訊重安全，服務躍雲端

二〇一〇至二〇一一年兩年間，整個臺師大各單位都忙著準備校務評鑑資料。那時陳柏琳主任甫上任，帶領著資中全體同仁，一方面整理資中的評鑑資料，一方面督導資中建立完善的全校資訊安全管理制度。柏琳主任秉持學術研究的精神，專注而不馬虎，一步一腳印，一點一滴逐漸將各種資料以及制度建立起來。資中於二〇一〇年二月取得ISO 27001國際標準認可證書，校務評鑑亦順利完成。

柏琳主任期許資中同仁除了例行工作外，還要不斷吸收新知、不斷創新。當年資訊界最夯的議題就是「雲端服務」，臺師大當然不能落人後，各種雲端應用服務之規劃，包含主機雲端化、儲存雲端化，以及應用軟體雲端化等方向，均在柏琳主任任內奠定基礎。二〇一〇年底向張校長提出了師大起飛，「躍向雲端」的報告，其中以雲端虛擬主機平台最先建置。

資中建立的第一部虛擬機是在二〇〇九年，當時因進修推廣部在職班之教務系統所放置的主機過於老舊，經常故障，而且系統維護後繼無人，硬體零組件的取得亦缺乏貨源。因此資中嘗試協助將該主機轉為虛擬機方式，不但立即解決維運問題，且因為在新硬體上運行，系統運行效率得以大幅提昇。

這樣的經驗讓資中團隊信心大增。自二〇一〇年起逐年編列預算，從三台實體機搭載三十二台虛擬機，到了二〇一七年中更擴展為以十一台實體機搭載三百二十台虛擬機的成效，每年不僅省下大筆的硬體採購、維運費，更藉由運算資源的有效利用，每年節省了超過百萬的龐大電費。對於二〇一〇年為臺師大開創「資訊安全與雲端應用元年」的輝煌成果，資中團隊當之無愧。

文檔軟體隨身攜，主機代管節能減碳

當然，對整個雲端應用服務而言，那只是一個開始。在王偉彥主任時期，帶領資中團隊打造「臺師大儲存雲」—StarBox，提供教職員生個人檔案備份與儲存的雲端空間，並且開始嘗試小規模導入各種應用軟體虛擬化的技術，目的就是讓使用者只要上網連線就可使用學校購買的套裝軟體，不必在自己的電腦中安裝，便利使用者的同時，更是提升了軟體使用率。這些雲端服務在二〇一三年校慶成果展大放異彩，展示各項雲端應用服務，並安排師生模擬駭客的攻擊手法，藉以強調資訊安全的重要性。活動現場別出心裁擺置了棉花糖機，配合雲端主題做出棉花糖雲彩，讓與會師生經歷了一場熱鬧的雲端嘉年華。

在雲端服務應用的推廣過程，也間接帶出了「節能減碳」的議題。資中是學校用電的前幾名，而機房為耗能的根源。資中位於教育大樓四樓的機房，建置時間已逾二十年，當然是傳統的「未考

2013年校慶活動期間展示一系列校園資訊化成果

資訊中心林口節能機房

慮節能」機房，若不改善，自然是學校推動節能減碳的「阻力」之一。幸而林口校區在規劃興建「資訊與教學大樓」之初，當時的資中李忠謀主任爭取保留大樓一樓空間，做為資中辦公室及機房場地。該大樓完工日期就在二〇一四年初，於是二〇一三年在偉彥主任指導下，資中團隊開始為打造一座現代化的節能機房進行規劃。

從無到有要規劃出一座新機房，其實並不簡單。因涉及電力、空調、網路、消防、門禁等等，樣樣均有其專業考量，不但要能符合節能機房的標準，還必須將所有建置成本落在預算金額內，這讓負責規劃的團隊同仁們傷透腦筋。於是從參觀別人的節能機房開始，包含微軟、證交所等機房，都有規劃團隊的足跡，經過無數次密集的會議討論，期間還經歷大樓建築工程延宕，以及經費改變等等因素影響，資中團隊仍咬緊牙根一一克服各項難題。在二〇一四下半年完成招標作業，並連過年期間都加班趕工的情況下，終於在二〇一五上半年完成全國大專院校第一座節能機房建置，且電力使用效率指標ＰＵＥ值低於一．五以下（越低越節能），這個數值代表相較於傳統機房，每年可以節電、減碳超過百分之二十五，也就是機房電費每年將可減少四分之一。

機房建置完成後，下一步就是把主機設備由舊機房搬移至新機房，才能發揮節電的效益。然而偉彥主任此時因身體不適辭任而離開了資中。故將主機集中至節能機房代管的重責大任，改由曾元顯主任接手。當時除了資中自己的設備搬遷外，當然也希望各單位把設備搬到林口新機房，不過很多單位及師長對新機房並不瞭解，且搬遷主機需要一筆費用而卻步。張校長知道後，立即提出補助設備搬遷費的方案，同時資中陸續辦理多場的節能機房參訪活動，讓師長能進一步瞭解將設備移往

1
2
3

1 2015年林口節能機房建置完成，與師生同仁分享機房建置成果

2 資訊中心獲得105年度一級行政單位綠能辦公室表現績優獎

3 RUN!PC雜誌專訪資訊中心主機虛擬化暨雲端服務規劃建置團隊

節能機房集中代管的種種好處，在雙管齊下的鼓勵帶動之下，二〇一六年底已達兩百一十七台實體主機和四十七台網路設備代管，對比傳統機房，為學校每年節省近百萬的龐大電費。

二〇一五年中張鈞法老師接任資中主任，又更進一步落實節能減碳政策。在鈞法主任的支持下，校本部的舊機房得以進行節能改善。除了承襲林口節能機房的建置經驗外，資中再精進規劃，加以引入自然風冷卻的技術，透過冬季乾冷的條件，啟動自然風冷卻系統，可再降低空調的使用率，更進一步節能。二〇一六年五月完成機房節能改善後，電力使用效率指標PUE值由原超過二・〇降至一・四以下；且冬天氣溫較低時，系統自動啟動自然風系統，當時量測到的日平均PUE值甚至已低於一・二五，節省了近四成的電費。

引領風騷近十載，攜手同心耀當年

除改善舊機房擴大節能的成果之外，鈞法主任在二〇一七年繼續推動雲端虛擬桌面以及精簡型電腦，利用耗電僅五瓦的簡易型電腦取代傳統式桌上型電腦，提供包含差勤簽到退、公用電腦、導覽用電腦，甚至一般行政業務替代使用，替換數量越多，自然節電效益就更上一層樓，且節省下來的電費更是不斐。

走過這些年，在歷任主任的引領下，資中在行政系統應用、教學支援、雲端服務、資訊安全、節能減碳等方面，均繳出一份亮眼的成績單。「那些年」，或許您錯過了，接下來「這些年」，我們肯定將一同走過。無論您是否也共同經歷過那些年，面對未來，資中團隊將繼續與全體師生同仁攜手共創屬於臺師大的榮耀。

——打造頂大格局的 臺師大運動校園

臺師大體育室主任
洪聰敏

自詡是一位運動傳教士的洪聰敏教授，是在民國九十七年進到國立臺灣師範大學體育學系服務，過去曾在臺北市立師範學院以及臺北市立體育學院服務超過十五年。洪聰敏出生便患有地中海型貧血，在當時各種醫療與科學並不普遍且不知情之狀況下，於十歲起便被級任導師選為桌球隊員，從此展開十五年的半職業桌球運動員生涯，並在十七歲起當選國家隊至退休，期間常常在體能訓練時覺得體力不如人，但是也因為不知有病而跟著大家一起練，而練就了比大部分的健康同儕更佳體力的結果，就因為自己的親身體驗，再加上之後進到學術界，有機會接觸更多運動對人幫助的訊息，以著「好東西要跟好朋友分享」的出發點，洪聰敏就一直以傳教士的精神，在教學、研究之外，到處演講來傳達一些理念與訊息，像是運動的好處、要如何運動以及如何養成運動的習慣、國家社會如何透過運動來凝聚人

105學年度男排冠軍

心以及提高個人與國家的競爭力。

談到與張國恩校長的結緣，則要歸功於時任運休學院院長的張少熙學務長，源由是因洪聰敏所進行的腦波運動心生理學研究需要一個可以隔音隔磁的實驗空間，以確認腦波資料不受環境的干擾，張校長在聽取洪聰敏簡短說明與親自參觀實驗室後，即爽快答應由其手中經費資助，洪聰敏之研究產出也在一年後因此實驗室之建構完成而有明顯進步。張校長助人之心一直在洪聰敏之心中，也因此當一〇四年七月底張校長邀請洪聰敏擔任體育室主任一職時，雖然擔任行政工作並非洪聰敏當時生涯規劃之優先事項，也因認同張校長的治校理念而接下這個工作。

在二年多來的行政工作中，洪聰敏學習到學校一級行政團隊的效率、創新、以及行銷能力，在每次的會議中都可以學到一些新的觀念與作法，也因此開始試著將一些從別的處室學到的措

105學年度女排冠軍

104年啦啦競賽

施帶進體育室中。體育室工作內容繁複，依據與張校長的討論，特別著重在三件最主要的工作：提升全校師生運動參與率、增加運動賽會獎牌數量、以及提高場館營運績效。

提升全校師生運動參與率

在提升運動參與率這一部份，在學生部分，體育室由每年固定辦理之全校陸上、水上運動會、啦啦隊比賽、以及校長杯各種競賽開始進行檢討，與各系體育股長討論提升大家參與的意願，同時也與學務處合作在運動會期間設置社團攤位，期能提高人氣和參與率。另外，也從運動會辦理的內容中去著手，試著採用一些較具趣味性、技術或體能門檻較低的活動項目，以擴大參與率，今年更透過提供獎勵方式來鼓勵各系之參與，希望透過與全校啦啦隊活動補助之連結，來提高全校運動會之參與率。

104年第69屆全校運動會閉幕

未來水上運動會也會依此模式來提高參與率。另外，也將媒合運休學院運動專長學生擔任各系運動團隊之教練，以深耕各系隊的方式，來擴大全校學生的運動參與。最近，更與健康中心合作，辦理博士生體適能之檢測以及運動處方諮詢的新業務，希望讓這一群未來高級研發人才能及早養成運動與促進體適能的習慣。在教職員工部分，行政主管運動班是去年開始開辦的，張校長照顧辛苦的學術與行政主管，特別提供經費支持該項活動。洪聰敏也認為要讓臺師大從全國各頂尖大學中脫穎而出的一個作法就是想辦法由上而下，從一級主管開始以身作則從事運動，如此一來可以抒解身心壓力帶來的健康損傷，二來也可以促進與聯繫大家的感情。除了繼續辦理

主管運動班之外，一直都有的教職員工運動也是推廣全校教職員工的活動，近來也與人事室合作辦理體適能講座，期望透過知識傳遞與活動參與的方式，讓全校教職員工運動更加普及。

增加運動賽會獎牌數量

競技運動具有凝聚民心、提高國人的自信心與愛國心的功用，這一點從一〇六年臺北主辦的世界大學運動會就可以明顯感受到。而張校長也深刻體認到這一點，競技運動更是臺師大在國內頂尖大學中能否鶴立雞群的主要因素之一。因此增加運動賽會獎牌數量也是體育室的一項重要使命，為了達成這個目標，不管是在奧運、亞運、世大運，或

1 | 2 | 3

1　105年全國大專校院運動會巡視
2　105學年度UBA男籃亞軍
3　2017年世界運動會拔河頒獎

106年全大運迎聖火

其他國際或國內重要賽事，對於獲得佳績的運動員與教練，都訂有獎勵辦法。張校長對支持競技運動前所未見的氣度與格局，令洪聰敏相當敬佩，目前也在這樣的格局之下，體育室正在擬定運動教練彈性薪資辦法，希望讓訓練績效優異的教練也跟研究與產學績效良好的教授一樣，享受更高的待遇與地位。而更有效率的運動團隊組成、優秀學生運動員的招募、訓練與比賽、運動科學支持競技運動等，都是近期檢討與改善的議題。

提高場館營運績效

在提高場館營運績效部分，目前三個校區的場館在滿足校內教學、訓練、以及各種活動之需求之外，也積極尋求營運來增加學校之收入。這一部份，洪聰敏也在張校長建議下於一〇五年開始與進修推廣學院合作，初期先以本部體育館營

106年全大運授旗典禮

運為合作標的，未來將逐步擴大至其他場館。同時，也將以餐廳翻桌率的概念，試著提高各場館活動之使用密度，除了被動等待校外機構團體租借外，也在近期要求相關同仁身兼業務角色，主動拜訪可能租借的單位，以避免過多空桌狀況。

體育室之行政效率過去在校內一級單位中常常墊後，近年來在張校長及其他長官不斷鼓勵與指導下，已逐步看見成長，這一點洪聰敏感觸良多，深覺帶領行政團隊的難度確實比帶研究團隊困難許多，但是只要有英明睿智的校長以及其他長官、同仁的支持，再加上一些耐心，還是可以一點一滴地改變的，這二年是洪聰敏個人成長相當多的一年，在不同崗位上看到的事情面貌也不一樣，最重要的，是有機會跟著能讓臺師大從一個相對教學型大學，變成是一個QS世界大學排序三百名內的頂尖大學的行政團隊學習，這美好的仗足以令人日後無窮的回味。

——校園永續環安衛

臺師大環境安全衛生中心
主任　陳美勇

故事的起源：馬祖出生↓捕魚世家↓幼稚園談戀愛↓赴臺求學↓增產報國

坐在研究室，勇哥看著相框中四個小孩的照片，不經意地揚起得意的嘴角，這是勇哥心中最滿足的驕傲。勇哥回想自己當初隨著兄姐從馬祖搭著526軍艦到臺灣來念大學，一晃眼三十多年就這樣過去了。問勇哥還常回去馬祖嗎？勇哥笑笑回答說：自從父母也搬來臺灣居住後，除了公務行程，就很少回老家了，倒是爸爸還常回馬祖捕魚。現在祖孫三代共二十四人都住在臺北，每逢周末都會聚集在爸媽家聚餐及家庭禮拜，勇哥說這真是上帝恩待他的家族。

到臺師大任教職並不是勇哥的第一志願，在臺大電機系拿到博士學位後，勇哥最想要的工作地點是到海洋大學，原因無他——海洋大學電機館可以直接看到藍藍的大海，如同在馬祖一樣。但是上帝關了海大這扇窗卻開了臺師大這個門，還因緣際會進入總務處擔任副總務長，當時被溫良財總務長指派負責協助營繕工作，之後再兼任環境安全衛生中心主任。臺師大環境安全衛生中心

在母校遇見臺灣來的美女

原是隸屬於總務處下，在勇哥積極推動下，在一〇二年十一月二十九日調整為本校一級單位，並為了健全及推展校園環境保護、安全衛生、能資源及災害防救等業務，其理念為張校長國恩力挺支持下，於一〇四年八月一日設置「綜合企劃組」、「環境保護組」、「職業安全衛生組」三組，勇哥任職期間積極推動校園環境安全衛生創新業務，近年屢獲得獎績效。

安安靜靜執行節能

在校園節能方面，建置本校「校園電力監控節能管理系統」、成立「環保小尖兵」建置「環保小尖兵巡檢APP」，每月巡檢各空間能源使用情形。於一〇三年獲經濟部「政府機關及學校四省專案計畫」評比——優良執行單位「創新應用獎」第二名、一〇五年獲教育部「節能績優學校評選活動」，大專校院組「績優獎」及個人「傑出貢獻人員獎」，舉辦多場示範觀摩會。

在配合行政院四省方案推動期間，總共節省用電二千四十九萬度，用水八十六萬度。

浪花兄弟

1 邀請國內外學者綠色大學永續營造論壇

2 邀請看見臺灣記錄片齊柏林導演至校座談獲熱烈迴響

3 推廣兒童環境教育邀請如果兒童劇團趙自強先生辦理永續發展與環境教育戲劇工作坊

4 校園綠色大學亮點計畫成果展

綠色永續校園教育

在綠色大學推動方面，本校為宣示邁向綠色大學的決心，已簽署「塔樂禮宣言（Talloires Declaration）」，以發展永續校園之遠景，訂定執行步驟、運作目標及策略，並由張校長國恩親自簽署本校「環境安全衛生政策」，積極參與美國「永續發展追蹤評量與測量系統（STARS）」運作，推動「綠色大學亮點計畫」及成果展，舉辦「《看見臺灣》紀錄片放映暨齊柏林導演座談會」、「如果兒童劇團」協辦「兒童劇中的環境意識」等各類環境教育推廣活動，於一〇六年參加綠色大學聯盟「二〇一七優秀綠色大學選拔活動」獲「優等學校」殊榮。

04年綠色大學永續校園營造論壇

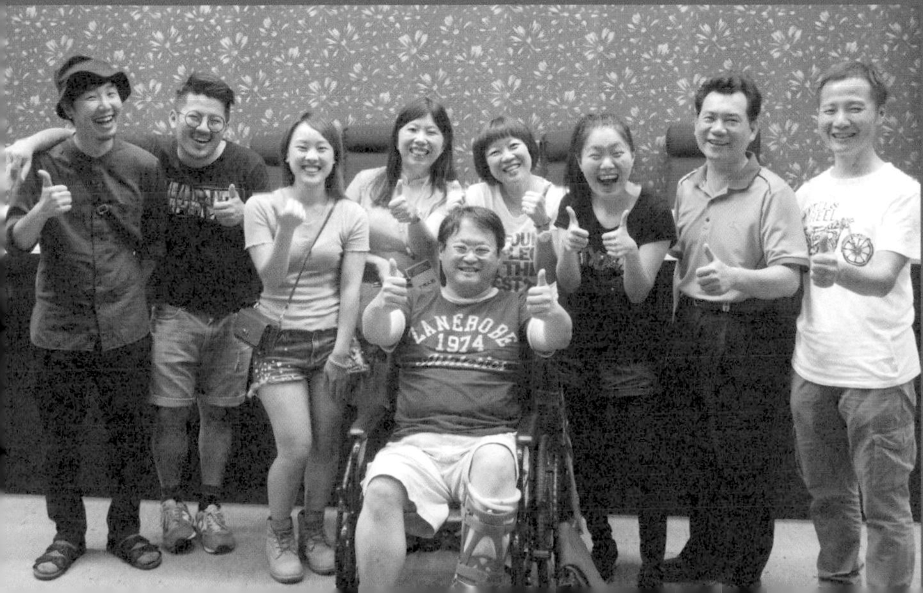

總統、校長及師生共同參與校園防災日活動

防災整備細節做起

在校園災害防救推動，統籌規劃三校區地震疏散及毒化災複合式大型演練，建置「職業災害通報系統」及「工程施工（裝修）通報系統」，強化災害預防通報作業，於一〇四年獲教育部「國家防災日演練活動」——全國大專院校「特優學校–第一名」，於行政院公開接受表揚。

實驗室安全決不妥協

在實驗（習）場所安全衛生推動方面，積極參與教育部相關補助計畫，建置「實驗室環境安全衛生查核雲端系統」及「實驗室毒性化學物質請購線上審核系統」，推動實驗室使用教育部「化學品管

行政院頒發防災日演練績優學校

實驗室毒災演練－認真的馬祖人

理與申報系統」，落實化學品盤點管理。於一〇五年推薦同仁參加教育部「大專院校學校實驗（習）場所安全衛生績優人員選拔活動」－大專組「甲等獎」、參加教育部「大專院校學校實驗（習）場所安全衛生績優學校選拔活動」獲選複評、參加環保署「毒性化學物質運作績優評選活動」獲選複評，於一〇三年－一〇五年臺北市政府指定擔任「第一屆毒性化學物質聯防組織南區組長」。

推動三校聯盟整合學校實驗室安全設備及資源，互相支援緊急應變演練、環安衛檢測儀器及教職員生還可參加各校環安衛教育訓練，達到「一加一加一大於三」之安全衛生管理及資源運用效果。

業務電子化提高效率

勇哥的指導教授傅立成博士曾擔任臺灣大學主任秘書，他以在臺大推動公文電子化的心得分享給勇哥說：「行政電子化的目的不是為了要減少工作人力需求，而是要提高服務的品質」。所以勇哥在任職總務處及環安衛中心期間，深入了解問題並思考如何應用資訊電子化以減化程序來提高效率，先減輕同仁的工作負擔後再來提高服務品質。再者，環安衛中心的每項業務的推展都是為了臺師大的永續發展，但是每項業務幾乎都是需要擾民的工作，在這段期間勇哥向上尋求張校長的支持，對校內單位不斷地溝通與協調，對校外積極爭取各項經費補助硬體設施的改善，最後都能取得教職員工生的接受並配合，業務始得順利的推展開來。勇哥自己給環安衛中心的工作下了一個註腳：

勇於任事，已力量而為，
化繁為簡，相互可支援，
督導為主，掌握好進度，
執行為輔，凡事求安全。

上　教育部頒獎資深環安主管

下　臺灣綠色大學聯盟2017優秀綠色大學選拔獲頒優等學校

——兼具人文核心企管精神

臺師大進修推廣學院主任
高文忠

每當夕陽西下，校園逐漸從下課及下班的喧囂聲轉趨寧靜時，圖書館校區裡的進修推廣大樓，正如火如荼的進行各類別推廣班及旅客入住服務，大樓外觀燈火通明，可見進修推廣學院的業績蒸蒸日上。而帶領學院績效逐年成長的正是專長於電子資訊領域，十四年前放棄業界高薪，毅然決然投入教育界的高文忠院長。

高文忠二十八歲取得臺灣大學電機工程博士學位後，為了增添營運組織管理的經驗，他選擇在市場業務部門擔任系統應用工程師。在幾位前輩的調教下，開始學習組織經營管理的實務經驗。在工研院歷經計畫主持人、課長與部門經理等職務後，決定繼續挑戰自己，參與兩家新創電子公司的成立與帶領研發團隊開發新產品，並擔任集團董事長投資各子公司的技術幕僚，除了提供企業大老闆進行投資決策時的建議外，也從企業大老闆身上學習新創業務的思維。

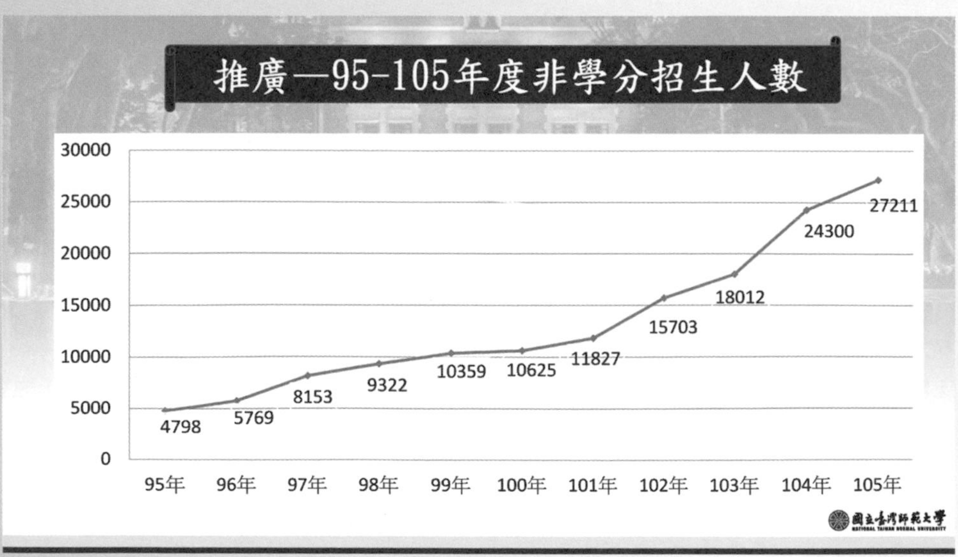

進修推廣學院業績節節高升

2013年接下擔子，接下責任

雖然有七年多的研究單位與產業界工作經驗，卻仍一心想要投入教育志業。高文忠回想當初離開業界，投入學界後，月薪只剩原來的零頭，第一次拿到臺師大的薪資單時，曾懷疑自己的決定，更覺得是否對不起正崴集團郭台強董事長的倚重與厚愛。不過，多年後高文忠回想這一切，只能說「無悔」！除了得許多英才而教之，也承蒙不少學界前輩的指導與愛護，短短六年半就從助理教授，一路順利升上正教授，並接續擔任三年電機工程學系系主任。

就在即將卸任系主任之際，高文忠臨危受命接任本校進修推廣學院院長。這是自負盈虧的績效單位，擔任院長這個職位必須具備「幫忙學校賺錢，而不是負責消化預算」的思維，與以往系主任想向學校爭取多一點經費的觀念截然不同，高文忠心想以前在業界闖蕩時，學會的那些賺錢的本事，居然有機會可以貢獻給學校，一展長才，內心十分感謝張校長的厚愛與提拔。只是臺師大是所一流的頂尖大學，辦理各項業務及推廣課程，都必須嚴選具有教育意義的學習活動，且能持續為學校挹注校務基金，絕不能淪為「學店」的臭名。

就在高文忠上任三個月後，半夜接到同仁父親的電話，大罵他虐待同仁，因為他女兒多日在校工作無法回家，院長居然還能回家睡覺？他聽了很難過，畢竟自己也有兩個女兒，於是下定決心整頓全院制度，所謂「將帥無能真的會累死三軍」，高文忠開始去了解同仁加班的原因，以有效率的計畫與組織管理機制，大幅減少不必要的加班；除了負責會館服務的同仁之外，一律取消假日輪值的規定，讓同仁們能回歸正常家庭生活，也要求院內主管多花心思於建構組織與計畫管理文件，提出有效率的管理機制。

除此之外，高文忠積極塑造正向的組織文化。他要求所有與他洽談公務的同仁，對其他人只能「正面表列」，多多列舉其他同仁的優點與強項，找出哪些人可以委以重任。對所承辦的業務與計畫本身則重視「負面表列」，別老是報喜不報憂，無法真正解決每個專案面臨的困境及問題。

高文忠亦提出六大工作方向，整合臺師大優勢資源，活化人才培訓，提供師生和民眾更好的服務品質，以具教育意義為前提，達成永續經營目標。

主動聯繫各系所　提供更多元系統化課程

過去進修課程以外聘老師居多，高文忠上任後積極與各學院教師座談，邀請校內風評良好的教師來授課或推薦優秀人才，建構更多元、完整與系統化的進修推廣課程。並藉由師大大師雲集的品牌，吸引民眾和學生學習的意願，也提昇臺師大的社會影響力。

活化林口　打亮社區口碑

高文忠任內最重要的組織任務之一就是活化林口校區，這校區擁有優美的校園環境，全新的資訊教學大樓，並已建構多間完善的電腦教室。藉由一批全職職員進駐，開設一些在地特色化課程，引進大陸與東南亞學生來林口校區參與營隊及培訓課程，已成功讓林口校區成為一個當地社區與海外人士來台學習的重鎮。

場館品質提升　提高使用率

進修推廣學院負責管理學校許多場地、會議室及師大會館和迎賓會館等，高文忠上任後實際走訪各場館，除自費入住會館，親自檢視各項服務流程和品質外，並邀請外籍友人入住，並請友人提供改善意見。

為使場館環境更加安全及舒適，高文忠已以學院盈餘，完成大樓結構補強與師大會館及迎賓會館房間的更新工程。期使來訪的外賓有更舒適的住宿品質，也希冀來院交流的國內外師生，能在優良的生活環境中，留下美好的學習回憶。

加強海內外合作交流　提供完整學程

臺師大教育領域無論是教學實務或學術研究，在

2014年開辦夏日書苑

亞洲都是非常具有競爭力。東南亞與大陸各地都設有師範大學，對臺師大在特殊教育、學生輔導、幼兒教育、技職教育、華語文教育等領域，皆渴望來臺師大取經學習。高文忠任內除走訪大陸各省，進行行銷臺師大及業務宣傳之外，也建立學校與大陸各校的合作關係，其中成果最顯著的即為學期訪問生及暑期文化體驗營、夏日書苑等活動，每年都吸引幾百位大陸師生到臺師大研修交流。近期也配合國家力推的南向政策，積極向東南亞招生，期許本院成為海內外教育合作交流的重要平台。

測驗培訓技術革新　提高競爭力

在過去幾位院長的努力下，進修推廣學院長期承接教育部、客委會以及原民會等單位所委託的人才培訓計畫和語言認證測驗。為了提高臺師大競爭力，高院長與院內師長及同仁本著資訊專業，積極開發數位線上考試之核心技術，使學院能在承接各單位測驗或培訓計畫時，更具市場競爭力。目前，全國各本土語言的主要認證考試，幾乎全由本院承辦，專業度已非他校所能及，本院已成為我國本土語言發展一個無可替代的重要引擎。

企業化主管訓練與員工培育

高文忠多次對全院主管進行培訓，導入業界計畫管理機制，勉勵主管們應時時抱持培育同仁的態度。他上任後就提出「上班正常化」的目標，期待主管們把同仁當成家人。唯有高效率且穩定的人力，才有永續經營的組織。

自從擔任進修推廣學院院長後，高文忠說他讓自己從一位只管花錢的教授與系主任，轉換成努力幫組織賺錢與省錢的院長。進修推廣學院同仁是校內很難得的一群人，組織氛圍及做事方法接近業界，執行業務時都以「是否對學校有利可圖？」為基本考量，減少個人情感因素，更無消化預算的思維，能省多少就等同能為學校挹注多少校務基金。除了有一群對計畫執行與經費精算的專業團隊，負責管帳的同仁，對經費支出摳門的本事，也令人敬佩。上任四年來，進修推廣學院的營業額已從原本的二億七千萬，來到四億兩千萬。淨盈餘也成長超過六成，這些盈餘，很多是藉由嚴謹的支出審查機制所省下來的。

進修推廣學院全院同仁

從業界投入教育界的高文忠，來臺師大將近十四年了。這些年，臺師大的聲望步步高昇，身為臺師大的一份子，高文忠覺得很驕傲。雖然沒能成為科技新貴，提早退休環遊世界，但這十多年的學術生涯，認識許多優秀的同儕與學生，讓他有機會教學相長，收穫良多。如果人生可以重來，他還是會選一樣的路，而且一樣是選臺師大。

——藉由華語教學推展國際化

臺師大國語中心主任
沈永正

和華語教學的結緣

問起國語教學中心的沈永正主任他對擔任國語中心主任的工作整體的感想是什麼，他說：「你記得阿甘正傳裡，湯姆漢克斯說的那句很有名的台詞嗎？「生命就像一盒巧克力，你永遠不知道你會拿到什麼。」（Life is like a box of chocolates. You never know what you're gonna get.）

沈永正說，不管他在人生的任何一個時間點，如果回首到那個時間點之前五年，都無法預想到自己五年後的人生竟然會在這個位置。高中畢業後進入臺大圖書館系就讀，第二年從文學院轉入理學院心理系。哥倫比亞大學心理系畢業後，生涯規劃覺得大概不會去學校教書……（然後他就去學校教書迄今將近二十年了）。

在元智大學服務十年後，來到臺師大又是一個意想不到的轉折。一天下午，沈永正接到現任管理學院院長印永翔的電話，徵詢擔任副國際長的意願。當下沈永正突然覺得阿甘又陰魂不散地出現在眼前了。行政工作？這是一個好像從來沒有想過的工作前景，更不知道自己有多少能力能夠做好。不過對於接觸國際事務與國際人士是沈永正懷有熱情與動力的工作，因此也就戰戰兢兢地答應接下副國際長的工作。

沈永正回憶，兩年副國際長的歷練，是一個可遇不可求的珍貴經歷。除了接觸國際事務之外，這個工作更讓沈永正對自己有更深刻的認識，知道什麼是自己擅長與不擅長的工作。這是在學術研究的生涯中難得的際遇。

1998年拍攝平面廣告

2013年聯電管理論文傑出獎頒獎典禮

2017年校運會

就在一切工作逐漸熟悉之際，一天下午，印院長（時任國際長）告訴沈永正：「校長要你去擔任國語中心主任」。沈永正笑著回憶，當下只覺得眼前一黑，什麼？國語中心？臺師大最重要的品牌？這怎麼可能呢？校長您還好吧？瞬時間，阿甘的幽靈又再度浮現沈主任的腦中。

沈永正覺得，張校長任命他擔任國語中心的工作，是一個很大膽的嘗試。然而，對沈永正來說，在大膽的後面，真正的重點是信任。沈永正說，他非常感謝張校長對他的信任。沈永正與張校長過去並無個人的私交，但校長願意把國語中心這麼大的責任交給他，他也只能選擇全力以赴。

目標和方向

沈永正說，記得剛來到國語中心的時候，看到這麼大而且又這麼悠久歷史的單位，光是了解單位

2017年國語中心聖誕晚會

2017年校運會

的運作，就花了許多的時間。在瞭解了中心的情形之後，沈永正擬定了幾個主要的方向：（一）學習體驗的提升：這是從學生的角度來看中心。有六十年悠久歷史的國語中心，最大的優勢是嚴格管理的教學經驗與品質。然而，從學生的角度來看，一個好的學習環境，不只是軟體層面的師資，更是其他各個層面產生的整體學習體驗。這在現在華語中心林立的臺灣，以及面對中國大陸在全世界廣設孔子學院的競爭下，尤其重要。因此需要從學生的角度來了解整體的學習體驗，從而強化軟硬體不足的部分。（二）行政與服務品質的提升：在中心超過六十年的歷史中，最近的二十年可能是外在環境變化最快的一段時間。全球化的競爭，中國大陸的崛起，種種外在情勢的變化，使得華語教學的市場環境也在經歷劇烈而快速的變動。為了要在市場上保持領先的地位，對於行政服務的流程與品質，需要進一步的改善與強化。例如行政流程的改善，服務品質的強化，以及資訊化在行政程序上的運用等等，都是針對這個目標所做的努力。（三）新產品與新市場的開發與拓展：學季班已經推行了六十多年，是一項很成熟的產品。要保持在市場上市場的競爭力，需要針對學生的需求推出其他的新產品。MTC Online平台的運用，商務華語教科書的重新編訂，乃至華語教學APP的開發，都是針對這個目標的努力。（四）強化對外的溝通與連結：中心的知名度，主要來自於口碑和網路。在過去，中心較少對外界溝通，然而隨著競爭的增加，中心也有必要多與外界溝通，讓外界更了解中心。尤其是中心優良的教師與教學品質，

瓜地馬拉副總統的兒子和副總統的資深顧問

是對外溝通最有利的根本基礎。從中心網頁的重整，不同語言的網頁版本的增加，乃至於YouTube影片的拍攝，來介紹中心的語言教學以及多元文化的環境，都是在這方面的努力。

改變，感謝與期許

沈永正說，他一直記得校長在和他談國語中心的任務時，告訴他最重要的事情是處事「不要有私心」。在一個本身並沒有華語教學的背景或淵源，行政經驗又有限的情形下，沈永正覺得自己不知道能不能夠做出什麼成績，但是至少沒有私心這一點是可以做到的。兩年

瓜地馬拉副總統的兒子及資深顧問和國語中心的瓜地馬拉學生合影

下來的經驗，沈永正發現，沒有私心真的是領導最重要的心法。一個組織，只要領導人凡是秉公處理，沒有私心，同仁在工作上自然知道要如何遵循法則來處理，工作也就更有發揮的空間。沈永正非常感謝校長的指導，讓他在帶領中心的工作上因為這一個簡單但是未必容易做到的心法，變得容易許多。兩年下來，逐漸可以看到中心有形與無形的一些改變。沈永正說，他最欣慰的事情，是有一次在和同仁開會時，有在中心服務多年的主管同仁告訴他說，確實看到了新的氣象。在沈永正的想法中，改變不是只為了一時的業績，國語中心是臺師大最重要的品牌，和同仁一起努力所做的事情，也要能為中心未來長期的發展奠下基礎。

沈永正說，他非常認同郭台銘先生說過的一句話，就是產品離開實驗室以後，就只剩下一件事情，就是執行力。沒有確實的執行力，再多再好的策略規劃也是枉然。沈永正非常感謝中心的主管與行政同仁一起的努力，讓中心能有一些改變，同仁的執行力才是確保政策能夠成功的最重要元素。此外，沈永正特別希望能夠感謝吳副校長的督導，主動提供中心必要資源上的支援，讓許多原本窒礙難行的工作變得容易許多。管理學院印永翔院長在國際長任內帶領沈永正進入行政工作的領域，並且讓沈永正看到很多好的領導典範，對於這兩年在中心的工作助益良多。沈永正覺得要特別感謝印院長在這方面的教導與鼓勵。

時光荏苒，不知不覺就過了兩年。看到中心的改變，是沈永正覺得最高興的事情。沈永正最大的希望，是中心能日新月異，更上層樓，在競爭激烈的華語教學市場中挑戰自我，來保持領導品牌的龍頭地位。更重要的，是希冀能藉由華語教學，來提昇臺師大重要的國際化的長期目標。

1　接待美國德州休士頓獨立學區總監晚宴

2　2017年於基隆港停泊之軍艦

3　與好友組團演出

——打造「臺師大幸福校園」的蝙蝠俠

臺師大僑生先修部主任
吳忠信

談起臺灣的蝙蝠研究，就不得不提到臺師大生命科學系的吳忠信教授，許多人尊稱他是臺灣的蝙蝠俠，而吳忠信則是自謙認為他只是一位傳播蝙蝠「蝠」音的科學家。吳忠信以臺灣蝙蝠為研究題材，主要研究蝙蝠的回聲定位神經系統以及環境逆境適應生理機制，研究成果陸續在國際ＳＣＩ科學期刊發表，加上報章雜誌與電視媒體的報導，吳忠信已經成為了家喻戶曉的蝙蝠俠。

談到與張國恩校長結緣，由於吳忠信過去在臺師大擔任副總務長期間，為順利推動學校校務行政工作，就已經和當時仍擔任副校長的張國恩有著深厚的革命情感。談到吳忠信與張校長的共同嗜好，應該就是「喝咖啡 聊是非」。張國恩教授剛接任第十三任校長時，曾經特別到生命科學系，造訪吳忠信的神經生理與神經行為實驗室。當時吳忠信為盛情接待臺師大的新校長，特別準備了實驗室的特調拿鐵咖啡招待張校長。當張校長一面享受著特調咖啡時，突然一轉身，見到實驗桌上有隻蝙蝠正在進行實驗，頓時張校長臉色變得非常尷尬，不曉得要繼續喝，還是要趕緊轉身走人。

或許是因果報應，某一天午後，吳忠信在實驗室裡突然接到校長室楊秘書的電話，告知校長要請喝特調咖啡。待吳忠信匆匆趕至

在研究臺灣蝙蝠方面有傑出成果，接受多家電視媒體和報章雜誌的報導

校長室，張校長說為了展現他的最大誠意，一定要請喝星巴克咖啡，就在吳忠信喝下一杯張校長招待的特調咖啡，吳忠信當年八月又重回學校行政團隊，擔綱總務長的重責大任。

推動空間總體營造，打造幸福校園

在臺灣，蝙蝠通常被民眾認為是幸福與福氣的象徵，吳忠信認為自己既然被稱為臺灣蝙蝠俠，就應該戮力為臺師大打造一座「幸福校園」。吳忠信上任總務長後的首要任務，就是要設法解決臺師大本部校區的運動場跑道不堪使用問題。由於該運動場完工不到一年，跑道上便形成許多窟窿與鼓起，使得學校師生與週邊鄰居因為無法在運動場上暢快活動筋骨，而感到有些不幸福。礙於當時運動場仍在保固期間，雖然經過原廠商不斷的維修，運動場不堪使用的問題卻依然存在。歷經校方與原廠商不斷的檢討，以及第三方公正單位的檢視，終於瞭解最關鍵的問題，在於跑道選用的ＰＵ材質雖然彈性符合國際標準，卻不適合使用在臺灣室外的環境。在原廠商同意負責的承諾下，運動場跑道改用適合臺灣室外環境的ＰＵ材質，而一勞永逸的解決運動場跑道不堪使用問題。

此外，吳忠信察覺到臺師大學生的生活除教室與宿舍以及師大夜市外，校園裡面似乎沒有適合空間提供給本校師生同仁們休憩交流以及舉辦人文藝術使用。為此，吳忠信在擔任副總務長的時候，就向當時的總務長侯世光教授提議成立校園規畫小組，利用校園整體規畫的機會，將校門口的機、汽車停車場規劃打造成為文薈廣場與樂智樓廣場。歷經郭義雄與張國恩兩位校長，以及侯世光與溫良財兩位前總務長的努力，終於在吳忠信擔任總務長期間完成文薈廣場與樂智樓廣場，從原本枯燥乏味的停車空地搖身一變，變成充滿自然生態與人文藝術氣息的木平台廣場，旁邊還有便利商店與郵局的便利服務，結合多項生活機能的文薈廣場，不僅提供校內師生一個休憩的新選擇，同時也是舉辦人文藝術展的最佳場所。值得一提的是，配合文薈廣場的建置，校門口回復成噴水池，原蔣介石銅像也依校務會議決議移至校史館內珍藏，文薈廣場一系列改建工程，當時也獲得臺北市都市景觀大獎的特別獎。

談起臺師大校園內最具有蝙蝠特色的建築物，就不得不提到文薈廳。文薈廳是臺師大最精美最漂亮的建築，運用了象形的概念，文薈廳的蝙蝠圖案是模擬短鼻蝠的外型，在石柱的外側最頂端可看到蝙蝠的嘴巴形狀；文薈廳的蝙蝠廊總共有六根柱子，象徵著六隻蝙蝠，其形狀為切一半的飛蝠狀。蝙蝠廊是文薈廳的一大特色，配合屋頂的斜度建成類似扶壁的構造，外部以柱子支撐，由於其內側高，不會造成底下經過的行人沉重壓迫感。過去日治時期，文薈廳稱為生徒控室（日語），是師生下課時休憩的場所，後來校方招租給麵包業者經營自助餐館與麵包坊，招租期間還曾經因為發生火災，一度成為鐵皮加蓋屋頂的危樓。吳忠信擔任總務長期間，在張校長大力支持下，由校務基金撥款整建文薈廳，並將整建後的文薈廳恢復成原先的用途，自由開放給全校師生與同仁們使用，文薈廳平日除作為休憩交流的場所外，重要節日也作為舉辦人文藝術活動的場所。

除整修文薈廳外，為持續打造「臺師大幸福校園」，吳忠信擔任總務長期間也大力整修臺師大校園內具歷史價值的古老建築、拆除校外破舊建築改建新大樓，或是在各校區規劃以便增建新大

1 擔任總務長期間，整建文薈廳

2 整建後的文薈廳成為全校師生休憩交流與人文藝術活動的場所

3 樂智樓前廣場整修後現況

樓，希望能滿足學校師生與同仁們上課與行政的空間需求。細數吳忠信擔任總務長期間，營繕組陸續完成了行政大樓、大禮堂、以及梁實秋先生故居等日治時期臺北高等學校的舊建築；此外，營繕組在本部圖書館校區完成國際會議中心，在校外則完成青田街五巷六號設計大樓，在林口校區則是完成「資訊與教學大樓」。

積極資產活化，營造永續校園

吳忠信深刻體認臺師大總務處如果只會花錢，而無法替學校開拓財源，張校長與校內師生們一定不會感覺到幸福快樂。因此，吳忠信在擔任副總務長的時候，就和當時擔任總務長的侯世光教授合作無間，將鄰近綜合大樓與樂智樓的外側圍牆開放，採用OT（營運、轉移）或BOT（興建、營運、轉移）方式招標招募廠商，學校商場的建置無需學校出資，完全是由廠商自己出資裝修與維護。此種推展國有公用不動產活化業務的努力，深獲教育部及財政部肯定，民國一〇一年臺師大總務處參與財政部國有公用財產年度活化運用績效評選，獲評定為活化運用基金或事業機關（構）組第二名殊榮，由當時擔任總務長的吳忠信前往行政院接受政府表揚。

此外，吳忠信擔任總務長期間，配合張校長的校務計畫，積極爭取可發展校地，在資產經營管理組同仁戮力下，總務處以公共設施用地容積移轉方式，取得臺師大林口校區旁「文大一用地」，完成受贈土地產權移轉登記面積七六七三一平方公尺（二三二一一坪），節省土地徵購費用逾新臺

上　獲國有公用財產年度活化運用第2名殊榮，前往行政院接受政府表揚

下　上任總務長後，解決運動場跑道不堪使用的問題（整修後現況）

1 | 2 | 3

1 於林口校區創建宗教室

2 林口校區博雅樓二樓啟用社團活動空間

3 擔任總務長期間，整修具歷史價值的梁實秋先生故居（整修後現況）

幣十八億三千兩百三十四萬元；此外，臺師大為興建國際學舍需要，積極洽詢財政部國有財產署評估可能土地，並提出無償撥用大安區學府段一小段四三三、四四三及四四四地號等三筆國有土地（八八五坪），節省土地撥用經費逾新臺幣七億三千一百餘萬元；規劃辦理臺北市「福州街十一號日式宿舍」（前劉真校長故居）房地撥用案，於國家安全局經管期間，積極參與該日式宿舍保留並爭取由臺師大申請撥用，節省土地撥用經費逾新臺幣一億八千六百餘萬元。

期許打造林口校區成為兼具國際僑教、生態保育與產學合作的永續校園

民國一〇三年張校長再次順利連任臺師大校長，吳忠信則是卸下總務長職務，返回生命科學系專心擔任教職以及學術研究工作。民國一〇五年吳忠信再次受到張校長請託，接替謝爾恩簡任秘書，接下林口聯合辦公室主任一職。吳忠信為打造「臺師大林口校區的幸福校園」，提出以僑教、生態、產學為發展主軸，希望將林口校區打造成為一個兼具國際化視野、生態多樣化環境、與高科技產學合作開發的

永續校園。民國一〇五年吳忠信臨危授命，擔任僑生先修部主任一職，吳忠信為使僑生先修部僑生們能有幸福的感覺，在張校長的建議下，於林口校區博雅樓二樓空間創建宗教室及啟用社團活動空間，終於在大家殷切期盼以及師生熱情的投入許多心力之後，順利地完成多年來僑生先修部學生一直希望擁有的學生社團活動空間，以及讓具有宗教信仰的僑生們，各有專屬的宗教祈禱室。

結語

吳忠信感念學生時代一直接受到臺師大的教育與栽培，因此對於母校臺師大總是願意無怨無悔的全力付出。細數吳忠信在張校長任內，前後臨危授命接任總務長、林口聯合辦公室主任、以及僑生先修部主任等職務，吳忠信深知當時如果沒有張國恩校長的大力支持與全力相挺，打造「臺師大幸福校園」的任務則將是充滿荊棘困難而無法順利達成。與其說吳忠信是打造「臺師大幸福校園」的蝙蝠俠，那麼張校長應該就是讓吳忠信得以順利打造「臺師大幸福校園」的最重要舵手與心靈導師。

——臺師大溫和的燭火，
追求「道法自然」

臺師大主任秘書　林安邦

臺師大守望者

午夜，臺師大行政大樓二樓總有一盞燈始終明亮著，許多人好奇，誰是這盞明燈的主人？而不論知不知道他是誰，這間辦公室已有了「小燈塔」的稱號，事實上，用「小燈塔」來形容這間辦公室是再適合不過了，因為這間辦公室的主人就是「國立臺灣師範大學」的主任秘書林安邦，他的任務就是溝通協調，並為臺師大建立內部管考、公文線上簽核制度，猶如行政團隊的守望者，陪伴臺師大前進。

積極樂觀、正向無懼

出生於臺北的林安邦，來自一個書香世家，爺爺曾任復旦大學的教務長、也曾任臺師大理學院的院長，也因為這個緣故，他從小對臺師大並不陌生，甚至是熟悉，回想兒時對臺師大的印象，他提起曾經落水差點溺斃的經驗，而第一次落水，就是在六〇年代臺師大門口前的大水池，那時候和平東路還並非現今大馬路的樣貌，那一次的落水，讓林安邦第一次對生命有了不同的感受。之後，也在母親任教的國北教大有了陸續兩次落水經驗，而最讓他記憶深刻的是，他跌入池塘中，竟無人發現他落水，在垂死邊緣掙扎的他，遠遠望著正在辦公室的媽媽，以為生命就此結束，回想起這樣的經驗，林安邦頓時領悟正向思考、順應自然的道理，這一生能如此無懼地面對當前的困境、並且總能積極樂觀思考，應該與兒時的經歷有關。

法律思辨、傳道授業

一個出生於如此和順家庭的孩子，造就了大學唸臺大法律系，後來更取得德國雷根斯堡大學的法律學碩士、博士學位，不僅完成高中時想念法律的願望，更圓了小時候想當老師的夢想，聽起來，似乎一切都這麼順遂，但林安邦說，他的求學過程並非一帆風順，國小、國中的成績，甚至在中段之後，成績雖然不是很好，但小時候也沒那麼在意成績，倒是知道自己喜歡國文、社會學科等科目，並且在這幾個科目中找到未來的志向，所以也慢慢發現自己喜歡法律、想當老師的想法。

而對林安邦影響最大的是小時候與爺爺三代同堂，常看到爺爺與母親的學生來訪，他們與學生水乳交融的樣子讓他印象深刻，而學生因為爺爺與母親而展現出熱烈學習的意願，也讓他看到學生與老師之間的相處，原來就是該這麼自然融洽，而他們也都以正面的想法教育學生，這也培養他凡事都以學生角度思考，也讓後來，在了解學習的重要性之後，開始按部就班的面對每一門科目，真正開啟學習之路。避免負面思考，堅持正面積極思考的林安邦，以堅毅的態度度過高中生涯，順利考取國立臺灣大學法律系。

與人為善、以學生的心為心

臺大法律系的生活，對林安邦來說果然是如魚得水，而在人才濟濟的臺大校園中，思考爺爺、母親的教授之路，告訴自己，既然喜歡當老師，那就當律師的老師，也因此訂下深造的目標，語文偏弱的他，不僅鼓起勇氣參加教育部的語言考試，也開始補習德文的日子，沒想到，正面思考，讓一切的未知都成真，讓無法開口說德語的他順利進入德國念碩士，原本認為自己能力只能在德國待個兩年的他，竟然還念了博士，一待就是九年，這與當年以為會溺斃的他相較之下，不僅順利存活下來，更為自己創造出現在不凡的教授生涯。

九〇年代末取得雷根斯堡大學法律學博士學位的林安邦，畢業後順利回到臺灣，也進入銘傳大學法律系擔任副教授，他的教學風格，以幽默風趣、體貼關懷著稱，這樣的風格也跟著他來到臺師大公民教育與活動領導學系。談到自己被學生視為最愛的老師之一，林安邦微笑的說，他這一生很單純，直至目前為止只有兩個身分，一個是學生、一個是教授，他一直以來身處單純的學校環境，對社會沒有太多的接觸，所以想法也比較單純，比較容易從學生的立場來思考，也就是從學生的角度來看學生，所以比較不會讓學生覺得他不講理，總能用與人為善的態度面對學生。

公文電子化、管考系統化

學習按部就班、與人為善的處世態度，也讓林安邦以這樣的特質獲得張國恩校長的重用，擔任臺師大主任秘書的職務，另身兼臺師大發言人與形象聲譽的公關推手，這個需要調和鼎鼐的職位，其實並非人人可以勝任，但是他為人處事的準則就是「道法自然」，儘量以和諧、公平的立場出

1 | 2
3

1 2013年臺師大國際青年外交大使團與外蒙古交流圓滿成功

2 公關室主任交接 林安邦：讓大家看見師大的好

3 校園記者參訪團 欣賞「成」人之美

發，以關心、關懷，為人著想的態度去推動事務，所以他願意花更多的時間、心思去了解事務，也讓臺師大在世界的激烈競爭中，得以穩定前進。

臺師大近年出現許多創新、翻轉的政策，也以更積極的策略面對競爭，但林安邦始終堅持在「平和」中找到正確的步伐與節奏，以推動公文線上簽核系統為例，林安邦親自參與大大小小需求訪談近百次，更走訪許多系所主管、院長，與行政主管進行許多次的溝通，目的就是要做到無縫接軌，讓公文線上簽核系統運作之後能達到百分之八十以上的上線率。

多年來除了公文線上簽核系統的推動，林安邦與秘書室同仁更戮力於檔案典藏庫房、性別平等教育委員會、綠色大學聯盟的成立與推動、還有最讓他在意的管考系統，談到同仁，林安邦說，他擁有一批懷抱革命情感的同事，回想幾年前，大家一同忙著系統建置、校務評鑑，當時大家不畏辛勞，堅守崗位，幾乎以校為家，夜晚工作到東方魚肚白的景象，至今讓他難忘，也因為這樣的努力，秘書室後來面對許多的挑戰，也都能在困難中化解阻力順利推動。秘書室管考系統建立後，也大大提升臺師大的行政效率，林安邦強調管考系統是協助大家解決問題，並且更加了解實際面的進度。

孔子行腳、無遠弗屆

有許多人是因為在電視看到林安邦而對他的發言留下深刻的印象，這正是他的另一個重要角色：「臺師大發言人」，這位發言人總能不疾不徐的回答所有問題，也能給予正確的說法與社會關

孔子行腳榮獲教育部青年志工績優團隊

親善大使團拍

心的答案，還有他臉上的微笑，更是成為安定人心的力量。身為臺師大發言人，林安邦說，臺師大近年形象提升，確實與媒體互動有關，秘書室的目標是將學術成果與師生傑出表現與媒體溝通，進而行銷到社會，提升學校聲譽，至於他自己面對媒體，堅持三要點，就是溝通、真實、明確，而面對壓力，始終以正向思考。此外，秘書室也和許多世界一流大學一樣，致力推動學生的社會服務，辦理「孔子行腳」活動，讓兩岸四地的大學菁英一同為偏鄉孩子付出一分心力。

崇法務實、道法自然

在張國恩校長眼中，主秘是與各單位溝通解決問題的人，是使臺師大和諧中

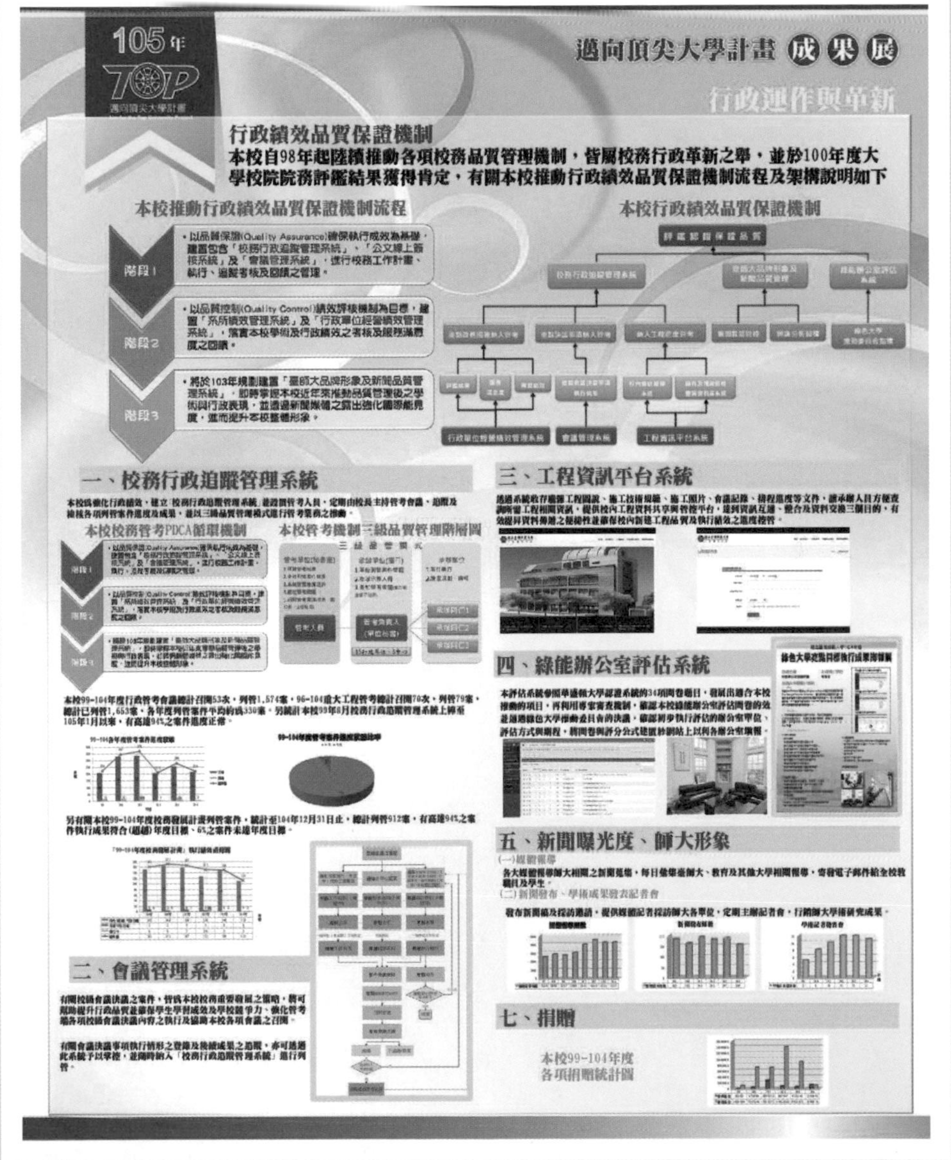

祕書室頂大計畫成果展海報

持續穩定發展的助力，在林安邦眼中，張國恩校長追求的創意與卓越，則是他學習的榜樣。這些年他依循「道法自然」的原則，講求的是如何與人為善，助人解決問題，讓事情按部就班的完成。林安邦說，臺師大有一群優秀的團隊正在鞭策自己做得更好，臺師大也不再像過去那個沈寂已久的大學，他看到的是正在發光發熱的臺師大。

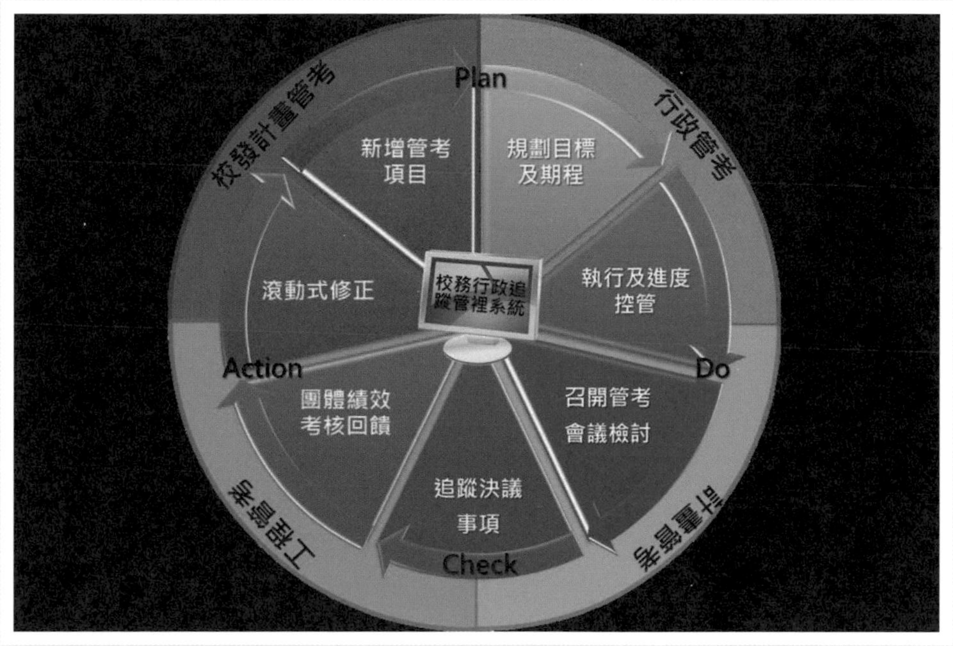

國立臺灣師範大學校務行政追蹤管理機制概念圖

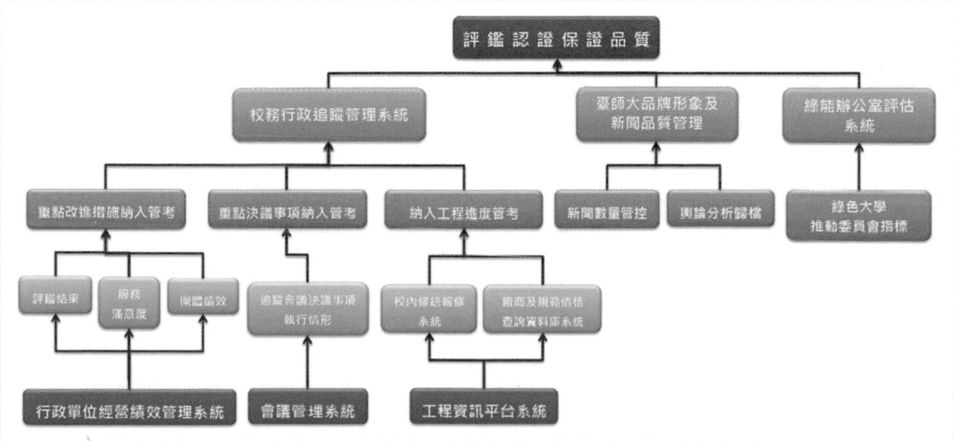

國立臺灣師範大學評鑑認證品質保證機制

秀威經典　　社會科學類　PF0225　新視野52

蛻變，師大

主　　編 / 林安邦、柯皓仁
責任編輯 / 黃兆璽、林利真、鄭伊庭
圖文排版 / 楊家齊、莊皓云
封面設計 / 許和捷
封面完稿 / 王嵩賀

出版策劃 / 秀威經典
發 行 人 / 宋政坤
法律顧問 / 毛國樑　律師
印製發行 / 秀威資訊科技股份有限公司
114台北市內湖區瑞光路76巷65號1樓
電話：+886-2-2796-3638　傳真：+886-2-2796-1377
http://www.showwe.com.tw
劃撥帳號 / 19563868　戶名：秀威資訊科技股份有限公司
讀者服務信箱：service@showwe.com.tw
展售門市 / 國家書店（松江門市）
104台北市中山區松江路209號1樓
電話：+886-2-2518-0207　傳真：+886-2-2518-0778
網路訂購 / 秀威網路書店：https://store.showwe.tw
國家網路書店：https://www.govbooks.com.tw

2018年8月　BOD一版
定價：490元

國家圖書館出版品預行編目

蛻變, 師大 / 林安邦, 柯皓仁主編. -- 一版. -- 臺北市 :
秀威經典, 2018.08
面； 公分. -- (社會科學類)
BOD版
ISBN 978-986-96186-1-8(平裝)

1. 高等教育 2. 教育改革 3. 文集

525.07 107003254

讀者回函卡

感謝您購買本書，為提升服務品質，請填妥以下資料，將讀者回函卡直接寄回或傳真本公司，收到您的寶貴意見後，我們會收藏記錄及檢討，謝謝！

如您需要了解本公司最新出版書目、購書優惠或企劃活動，歡迎您上網查詢或下載相關資料：http:// www.showwe.com.tw

您購買的書名：________________________________

出生日期：________年________月________日

學歷：□高中（含）以下　□大專　□研究所（含）以上

職業：□製造業　□金融業　□資訊業　□軍警　□傳播業　□自由業

□服務業　□公務員　□教職　□學生　□家管　□其它______

購書地點：□網路書店　□實體書店　□書展　□郵購　□贈閱　□其他

您從何得知本書的消息？

□網路書店　□實體書店　□網路搜尋　□電子報　□書訊　□雜誌

□傳播媒體　□親友推薦　□網站推薦　□部落格　□其他__________

您對本書的評價：（請填代號　1.非常滿意　2.滿意　3.尚可　4.再改進）

封面設計____　版面編排____　內容____　文／譯筆____　價格____

讀完書後您覺得：

□很有收穫　□有收穫　□收穫不多　□沒收穫

對我們的建議：________________________________

____

____

____

請貼
郵票

11466
台北市內湖區瑞光路 76 巷 65 號 1 樓
秀威資訊科技股份有限公司 收
BOD 數位出版事業部

……………………………………………………………………………

（請沿線對折寄回，謝謝！）

姓　　名：＿＿＿＿＿＿＿＿　年齡：＿＿＿＿　性別：□女　□男

郵遞區號：□□□□□

地　　址：＿＿＿＿＿＿＿＿＿＿＿＿＿＿＿＿＿＿＿＿

聯絡電話：(日)＿＿＿＿＿＿＿＿＿＿(夜)＿＿＿＿＿＿＿＿＿＿

E-mail：＿＿＿＿＿＿＿＿＿＿＿＿＿＿＿＿＿＿＿＿